Gut kochen
für Freunde

Gut kochen für Freunde

Inhalt

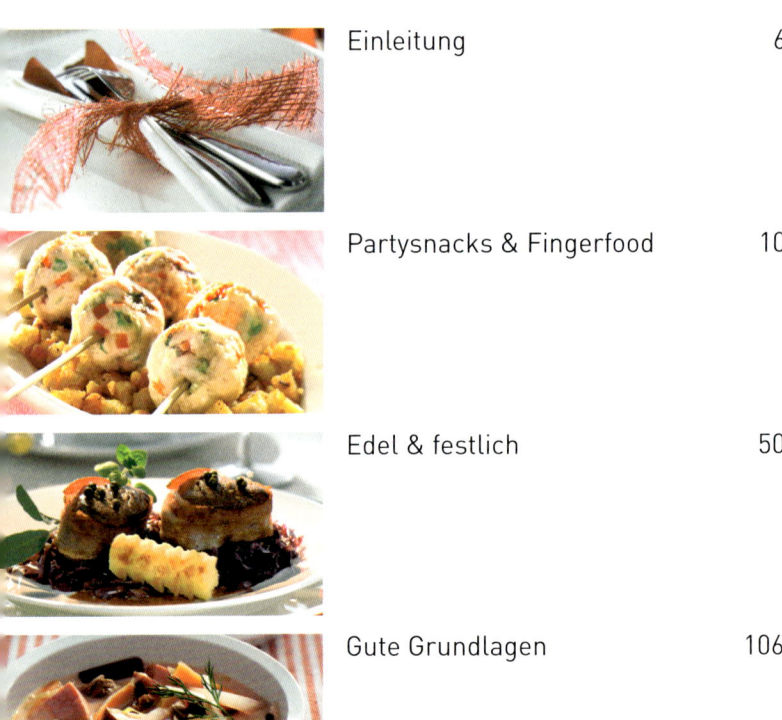

Einleitung

Vorwort

Ein Essen mit Freunden ist mit die schönste Art, seine Freizeit zu verbringen. Ob an einem lauen Sommerabend draußen der Grill angeworfen wird oder ob Sie Lust haben, ein edles Dinner zu zelebrieren – immer versprechen solche Abende, lange in Erinnerung zu bleiben. In diesem Buch finden Sie eine große Auswahl an tollen Rezeptideen, mit denen Sie sicher kulinarische Volltreffer landen – hier im Vorwort sollen nun ein paar Anregungen die Lust an der Tischdekoration und am Platzieren der Teller, Gläser und des Bestecks beflügeln. Das Auge isst ja bekanntlich mit.

Schon mit wenigen Handgriffen und ein paar kreativen Ideen lassen sich traumhafte Effekte zaubern. Unverzichtbar sind dabei Kerzen. Sie können in Hülle und Fülle eingesetzt werden und verbreiten sofort eine festliche Stimmung. Besonders Teelichter eignen sich für unkomplizierten Kerzenschimmer in vielen Variationen: in bunte Gläser gestellt – zum Beispiel marokkanische Teegläser – liefern sie schöne Farbakzente, aber auch die einzelnen Gedecke können mit ihnen geschmückt werden. Sie können die kleinen Lichtquellen aber auch elegant in einem Band über den Tisch laufen lassen oder romantisch und wie hingestreut auf dem Tisch verteilen.

Auch Blumen, Pflanzen oder Blätter sind bei der Tischdeko unverzichtbar. Einzelne Blütenblätter locker über den Tisch gestreut sind romantisch-verspielt, herbstlich wird es mit buntem Laub und selbst gesammelten Kastanien. Einzelne Blüten in kleinen Gläsern wirken locker und verspielt, ein ganzer Strauß oder ein Gesteck dagegen eher festlich-elegant. Auch Kräuter entfalten ihre mediterranen Duft- und Aromastoffe wunderbar auf dem Esstisch.

Das Eindecken – die klassischen Regeln

Jeder Gast benötigt rund 80 cm Tischlänge, damit er bequem sitzen kann. Nach Geschmack wird ein Platzteller verwendet. Auf diesen kommt dann im Laufe des Abends jeweils der Teller, der in Gebrauch ist. Links vom Teller oder schräg links oben liegt der Brotteller.

Klassisch liegen die Messer rechts vom Teller, die Schneide schaut nach links, also zum Teller hin. Die Gabeln liegen links vom Teller, die Zinken schauen nach oben. Das Besteck liegt nicht bündig mit der Tischplatte, sondern ungefähr einen Daumen breit oberhalb. Die Anordnung des Bestecks spiegelt die Menüfolge wider. Außen liegt demnach das Besteck für die Vorspeise, innen das für den Hauptgang. Oberhalb des Tellers liegt der Suppenlöffel unter dem sich dann das Dessertbesteck befindet.

Die goldene Regel lautet also: Gegessen wird von außen nach innen. Eine Ausnahme bildet das Brotmesser, das auf dem Brotteller platziert wird. Das Glas, das für den Hauptgang vorgesehen ist, wird ungefähr über dem Messer für den Hauptgang platziert. Das Wasserglas, das während des gesamten Essens in Gebrauch ist, wird links daneben platziert, rechts neben das Hauptgangglas kommt das Glas, das die Vorspeise begleiten soll.

Partysnacks & Fingerfood

Gazpachogelee
mit Oliven

Für 6 Portionen

8 Blatt Gelatine

1 Scheibe Weißbrot vom Vortag

4 El Olivenöl

400 g Tomaten

je 1 grüne und rote Paprikaschote

300 g Salatgurke

4 Frühlingszwiebeln

2 Knoblauchzehen

2 El Sherryessig

Salz

Pfeffer

Ciabatta

grüne und schwarze Oliven

Zubereitungszeit: ca. 40 Minuten (plus Kühlzeit)
Pro Portion ca. 210 kcal/880 kJ
6 g E, 8 g F, 29 g KH

1 Gelatine in kaltem Wasser einweichen. Brot entrinden und mit dem Olivenöl tränken. Tomaten waschen, von den Stielansätzen befreien und würfeln. Paprika waschen und putzen, Gurke schälen und beides würfeln. Frühlingszwiebeln in Ringe schneiden. Alles mit den geschälten Knoblauchzehen und dem Essig im Mixer fein pürieren und mit Salz und Pfeffer abschmecken.

2 Gelatine ausdrücken und in einem Topf bei geringer Temperatur auflösen. Unter das Gemüsepüree rühren, in ausgespülte Eiswürfelschälchen füllen und im Kühlschrank fest werden lassen.

3 Ciabatta in Stücke schneiden, je 1 Gazpachowürfel darauflegen und alles mit grünen und schwarzen Oliven auf Spieße stecken.

Kartoffeltortilla
mit Zucchini und Champignons

Für 6 Portionen

500 g Kartoffeln

1 Zwiebel

4 Eier

100 g Champignons

1 Zucchini

150 ml Olivenöl

Salz

Pfeffer

Kirschtomaten, halbiert

1/2 Salatgurke, in Scheiben

Baguettescheiben nach Belieben

Zubereitungszeit: ca. 30 Minuten
(plus Brat- und Garzeit)
Pro Portion ca. 310 kcal/1300 kJ
8 g E, 25 g F, 12 g KH

1 Die Kartoffeln schälen und in dünne Scheiben schneiden. Zwiebel schälen und in Ringe schneiden. Die Eier verquirlen, die Pilze putzen und würfeln. Zucchini waschen, putzen und in Würfel schneiden.

2 125 ml Olivenöl in einer Pfanne erhitzen und die Kartoffelscheiben darin portionsweise garen. Herausnehmen und würzen, das Öl aufbewahren. In einer zweiten Pfanne das restliche Öl erhitzen und die Zwiebel darin glasig schmoren. Eier verquirlen und mit Pilzen, Zucchini und Zwiebel mischen, dann würzen. Die Kartoffelscheiben unterheben.

3 Das verbliebene Öl erneut erhitzen und die Eimasse darin etwa 10 Minuten garen. Tortilla wenden und weitere 4 Minuten backen. In Würfel schneiden, auf Baguettescheiben verteilen und auf Spieße stecken. Mit halbierten Kirschtomaten und Gurkenscheiben dekorieren.

Gefüllte Pilze
mit Walnüssen

Für 12 Stück

4 getrocknete Tomaten in Öl

50 gehackte Walnüsse

115 g Frischkäse

Salz

Pfeffer

12 mittelgroße Champignon-
köpfe

50 g frisch geriebener
Manchego

2 El frisch gehackter
Koriander

einige Blätter Eisbergsalat

Lorbeerstiele

Olivenöl für die Form

Zubereitungszeit: ca. 20 Minuten
(plus Grillzeit)
Pro Stück ca. 229 kcal/961 kJ
8 g E, 21 g F, 12 g KH

1 Tomaten abtropfen lassen und hacken. Walnüsse in einer Pfanne ohne Fett rösten. Nüsse mit Tomaten und Frischkäse mischen und würzen.

2 Pilzköpfe putzen, feucht abreiben und mit der Mischung füllen. Eine Form mit Öl einstreichen und die Pilze hineinsetzen. Unter dem heißen Grill etwa 7 Minuten grillen. Manchego darüberstreuen und weitere 5 Minuten grillen. Mit Koriander bestreuen. Die Pilze mit Lorbeerstielen auf je 1 Scheibe Walnussbrot befestigen, die mit Eisbergsalatblättern belegt sind.

3 Alternativ die Pilze mit Spinat, Frischkäse und gehackten Pinienkernen füllen. Dafür Spinat putzen, blanchieren und hacken. Mit gerösteten Pinienkernen und Frischkäse mischen und die Pilze wie oben beschrieben füllen und garen. Mit Lorbeerstielen oder Rosmarinstängeln auf Walnussbrote spießen, die mit Eisbergsalatblättern belegt sind.

Käsehäppchen
mit Oliven und Kapern

Für 16 Stück

150 g Kräuterfrischkäse

1 El Olivenöl

3 El Milch

Salz

Pfeffer

200 g Brokkoliröschen

8 halbierte Scheiben
geröstetes Weißbrot

4 schwarze Oliven

4 Frühlingszwiebeln

4 Kapernäpfel

Zubereitungszeit: ca. 20 Minuten
(plus Gar- und Grillzeit)
Pro Stück ca. 210 kcal/880 kJ
5 g E, 18 g F, 8 g KH

1 Frischkäse, Öl und Milch cremig rühren und würzen. Brokkoli putzen und in Salzwasser garen. Auf 4 halbierten Brotscheiben verteilen, die Hälfte der Käsecreme darübergeben und unter dem heißen Grill etwa 10 Minuten überbacken. Mit Oliven garnieren.

2 Die Frühlingszwiebeln putzen, halbieren und in wenig gesalzenem Wasser etwa 10 Minuten garen. Abtropfen und abkühlen lassen. Die Frühlingszwiebeln auf den restlichen Broten verteilen und die restliche Käsecreme darübergeben. Wie oben beschrieben überbacken, dann mit Kapernäpfeln verzieren.

Garnelen
mit Salsa verde

Für 4 Portionen

12 große Garnelen

1 kleine rote Paprikaschote

1 Frühlingszwiebel

30 g Butter

1/2 Tl Senfpulver

2 El trockener Sherry

1 Tl Worcestersauce

50 g gekochtes Fischfleisch

3 El Paniermehl

1 El frisch gehackte Petersilie

1 El Mayonnaise

Salz

Pfeffer

1 Ei

50 g geriebener Parmesan

250 ml Salsa verde (FP)

geröstetes Knoblauchbrot in Scheiben

grüne Oliven

Zubereitungszeit: ca. 30 Minuten
(plus Schmor- und Backzeit)
Pro Portion ca. 530 kcal/2220 kJ
20 g E, 36 g F, 29 g KH

1 Die Garnelen bis auf die Schwänze schälen, waschen und trocken tupfen. Auf der Oberseite einschneiden, das Fleisch auseinanderdrücken.

2 Paprikaschote und Frühlingszwiebel putzen, waschen, trocknen und fein hacken. In 15 g heißer Butter andünsten. Senfpulver, Sherry, Worcestersauce, Fischfleisch, Paniermehl und Petersilie kurz mitdünsten.

3 Mayonnaise mit Salz, Pfeffer und dem Ei verquirlen und unter die Masse heben. Diese Füllung in die Garnelen geben. Restliche Butter zerlassen und darüberträufeln. Den Käse darüberstreuen. Garnelen im Backofen bei 180 °C (Umluft 160 °C) etwa 10 Minuten backen.

4 Salsa verde auf Knoblauchbrotscheiben verteilen. Je 1 gefüllte Garnele auf 1 Spieß und diesen mit 1 grünen Olive auf 1 Scheibe Knoblauchbrot stecken.

Tintenfisch
auf weißen Bohnen

Für 4 Portionen

1 Knoblauchzehe

2 Frühlingszwiebeln

8 El Olivenöl

300 g frische, küchenfertige Kalamares

250 g gekochte weiße Bohnen

Salz

Pfeffer

1 El Balsamessig

2 El frisch gehackte, glatte Petersilie

2 Zitronen

Zubereitungszeit: ca. 30 Minuten
(plus Bratzeit)
Pro Portion ca. 310 kcal/1300 kJ
18 g E, 21 g F, 13 g KH

1 Die Knoblauchzehe schälen und hacken. Die Frühlingszwiebeln waschen, putzen und in dünne Ringe schneiden.

2 3 El Olivenöl in einer Pfanne erhitzen. Die Kalamares waschen, trocknen, in Stücke schneiden und mit dem Knoblauch und den Frühlingszwiebeln in der Pfanne etwa 2 Minuten schmoren. Bohnen zugeben und 2 Minuten mitbraten. Mit Salz, Pfeffer und Essig abschmecken und die Petersilie unterheben.

3 Die Pfannenmischung auf Schüsseln verteilen. Zitronen in Achtel schneiden und mit einem Spieß auf die Kalamares stecken.

Fischterrine
mit Garnelen

Für 12 Stück

600 g Fischfleisch

Salz

Pfeffer

1 Eiweiß

200 ml Sahne

abgeriebene Schale von
1 unbehandelten Limette

1 El gehackte Kerbel-
blättchen

4 Kopfsalatblätter

100 g gekochte Garnelen

gebratene Schinkenscheiben

Butter zum Einfetten

Zubereitungszeit: ca. 30 Minuten
(plus Garzeit)
Pro Stück ca. 110 kcal/460 kJ
13 g E, 6 g F, 1 g KH

1 Das Fischfleisch waschen, trocken tupfen und für 30 Minuten ins Tiefkühlfach stellen. Anschließend im Mixer pürieren. Mit Salz, Pfeffer und dem Eiweiß verrühren. Die Sahne unterrühren und alles erneut kalt stellen.

2 Vier hohe Förmchen einfetten. Limettenschale und Kerbelblättchen unter die Fischcreme heben und alles in die Förmchen füllen. Mit Backpapier abdecken und im Backofen im Wasserbad (70 °C Wassertemperatur) bei 140 °C (Umluft 120 °C) etwa 15 Minuten garen, dann abkühlen lassen und aus den Formen holen.

3 Fischterrine portionieren und auf Salatblättern anrichten. Je 1 Garnele mit 1 Stück Schinken mit einem Spieß in die Fischcreme stecken.

Blutwurst-Pinchos
mit Sherry

Für 4 Portionen

1 Zwiebel
2 Knoblauchzehen
2 El Öl
1 Tl getrockneter Thymian
1 Tl Paprikapulver
225 g Blutwurst (Morcilla)
2 El trockener Sherry
1/2 Ciabatta
Lorbeerstängel

Zubereitungszeit: ca. 20 Minuten
(plus Schmor- und Bratzeit)
Pro Portion ca. 390 kcal/1630 kJ
14 g E, 25 g F, 26 g KH

1 Die Zwiebel und den Knoblauch schälen. Die Zwiebel in Ringe schneiden, den Knoblauch fein würfeln. Das Öl in einer Pfanne erhitzen und die Zwiebelringe mit den Knoblauchwürfeln darin andünsten. Thymian und Paprikapulver hinzufügen und alles etwa 5 Minuten schmoren.

2 Die Blutwurst in 12 Scheiben schneiden, in die Pfanne geben und von jeder Seite etwa 3 Minuten knusprig braten. Mit dem Sherry ablöschen, alle Flüssigkeit einkochen lassen.

3 Das Brot in 6 Scheiben schneiden, diese halbieren und jede Brotscheibe mit der Zwiebel-Knoblauch-Mischung belegen. Darauf mit Lorbeerstängeln je 1 Scheibe Blutwurst spießen.

Lamm-Snacks
mit Minze und Honig

Für 4 Portionen

200 g Lammfleisch

1/2 Tl gemahlener
Kreuzkümmel

1 Tl edelsüßes Paprikapulver

Salz

Pfeffer

2 El Olivenöl

je 8 Salbei- und Minzeblätter

150 g ausgelöster
Lammrücken

1 Tl Senf

2 El Honig

12 Scheiben Vollkorn-
Baguette

Außerdem

Aioli zum Anrichten
und zum Bestreichen

Zubereitungszeit: ca. 30 Minuten
Pro Portion ca. 400 kcal/1670 kJ
29 g E, 16 g F, 34 g KH

1 Das Lammfleisch waschen, trocken tupfen und würfeln. Aus Gewürzen und Öl eine Marinade rühren und das Fleisch darin 30 Minuten ziehen lassen.

2 Die Kräuter waschen und trocken schütteln. Das Fleisch aus der Marinade nehmen und abwechselnd mit je 1 Blatt Salbei und Minze auf Spieße stecken. Spieße etwa 8 Minuten grillen, dabei öfter wenden und mit Marinade bestreichen. Mit Aioli anrichten.

3 Den Lammrücken waschen, trocken tupfen und in dünne Scheiben von 1 cm Dicke schneiden. Mit Salz und Pfeffer würzen und unter dem heißen Grill etwa 2 Minuten bräunen.

4 Die Fleischstücke wenden, die rohe Seite mit Senf und Honig bestreichen und erneut etwa 3 Minuten grillen, bis die Oberfläche knusprig ist. Jedes Fleischstück mit einem Lorbeerstiel und etwas Aioli auf ein Stück geröstetes Vollkornbaguette stecken.

Lomo embuchado
auf Ratatouille

Für 4 Portionen

4 grüne Paprikaschoten

1 Zwiebel

350 g Auberginen

300 g Zucchini

350 g Tomaten

2 El Olivenöl

Salz

Pfeffer

je 1 Tl frisch gehackter
Thymian und Oregano

200 g Lomo embuchado,
ersatzweise Bündnerfleisch

4 getrocknete Tomaten in Öl

frisches Landbrot, in Stücke
geschnitten

Zubereitungszeit: ca. 30 Minuten
(plus Schmorzeit)
Pro Portion ca. 190 kcal/790 kJ
14 g E, 25 g F, 26 g KH

1 Die Paprikaschoten putzen, waschen und trocknen. Die Zwiebel schälen. Die Auberginen und Zucchini putzen, waschen und trocknen. Die Tomaten waschen und vom Stielansatz befreien. Das Gemüse in Würfel schneiden. Die Zwiebel hacken.

2 Das Öl in einer Pfanne erhitzen und die Paprikaschoten mit den Zwiebeln darin anschmoren. Die Auberginen zugeben und 5 Minuten weiterschmoren. Die Zucchini zugeben und 3 Minuten mitschmoren. Zuletzt die Tomaten hinzufügen und die Gemüsemischung etwa 15 Minuten köcheln lassen. Dann würzen und die Kräuter einrühren.

3 Das Ratatouille auf 4 Schälchen verteilen. Lomo in Scheiben schneiden und zusammengerollt mit 1 getrockneten Tomate auf Brotstücke spießen. Zu dem Ratatouille servieren.

Blätterteigtaschen
mit Knoblauchwurst

Für ca. 10 Stück

1 Packung TK-Blätterteig
(450 g)

1 Zwiebel

1 Knoblauchzehe

1/2 grüne Paprikaschote

20 g Speck

30 g Knoblauchwurst

2 El Olivenöl

200 g Hackfleisch

50 ml Rotwein

Salz

Pfeffer

3/4 El edelsüßes Paprika-
pulver

1/2 Tl frisch gehackter
Thymian

1 Eigelb

2 El Milch

Kapernäpfel, Salatblätter
und Gurkenscheiben zum
Garnieren

Zubereitungszeit: ca. 25 Minuten
(plus Schmor- und Backzeit)
Pro Stück ca. 290 kcal/1218 kJ
7 g E, 23 g F, 14 g KH

1 Den Blätterteig auftauen lassen. Die Zwiebel und den Knoblauch schälen und hacken. Die Paprikaschote waschen, putzen und würfeln. Den Speck und die Knoblauchwurst sehr fein würfeln.

2 Das Öl in einer Pfanne erhitzen und die Zwiebel mit dem Knoblauch darin glasig dünsten. Hackfleisch, Speck und Knoblauchwurst hinzufügen und mitbraten. Den Rotwein angießen und würzen. Alles etwa 20 Minuten schmoren. 5 Minuten vor Ende der Garzeit die Paprikawürfel untermischen, dann die Füllung abkühlen lassen.

3 Die Blätterteigplatten dünn ausrollen und in Quadrate von 12 x 12 cm schneiden. Auf jedes Quadrat 1 El Füllung setzen.

4 Das Eigelb mit der Milch verquirlen und die Teigränder damit einstreichen. Zu Dreiecken zusammenfalten und die Ränder festdrücken. Auf ein mit Backpapier belegtes Backblech setzen und im Backofen bei 200 °C (Umluft 180 °C) etwa 20 Minuten backen. Mit Kapernäpfeln auf Salat und Gurkenscheiben spießen.

Hähnchenbrust
mit Schinken

Für 8 Portionen

2 Hähnchenbrustfilets

Salz

Pfeffer

1 El Currypulver

2 El Olivenöl

4 Scheiben gekochter Schinken

4 Scheiben Hartkäse

4 Scheiben Landbrot

4 Eisbergsalatblätter

6 El Mayonnaise

4 Scheiben roher Schinken

Zubereitungszeit: ca. 30 Minuten
Pro Portion ca. 157 kcal/659 kJ
5 g E, 11 g F, 8 g KH

1 Hähnchenbrüste waschen, trocken tupfen, salzen, pfeffern, mit Currypulver bestreuen und mit Olivenöl bestreichen. Im Backofen bei 150 °C (Umluft 130 °C) etwa 25 Minuten backen, dabei mehrmals mit Öl bestreichen. In den letzten 10 Minuten die Temperatur um 10 °C herunterschalten.

2 Filets aus dem Ofen nehmen und längs einschneiden, ohne sie ganz durchzuschneiden. Jeweils mit 2 Scheiben Schinken und Käse füllen und zusammenklappen. In Alufolie wickeln und im Backofen weitere 20 Minuten garen.

3 Hähnchen aus der Folie nehmen und jeweils in 4 Scheiben schneiden. Brotscheiben halbieren. Jede Scheibe mit halben Salatblatt, etwas Mayonnaise und einer Scheibe gefüllter Hühnchenbrust belegen. Die Spieße mit jeweils 1/2 Scheibe rohem Schinken dekorieren. Warm oder kalt servieren.

Hühnchenspieße
mit Safran und Mandeln

Für 4 Portionen

500 g Hähnchenbrustfilet

3 Frühlingszwiebeln

2 Knoblauchzehen

40 g rote Paprikaschote

1 El frisch gehackte
Petersilie

1 Ei

20 ml Sahne

Salz

Pfeffer

10 El Olivenöl

1 g Safran

40 g Weißbrot vom Vortag

20 g Mandeln

1 Tomate

1 El Sherryessig

Zubereitungszeit: ca. 30 Minuten
(plus Schmorzeit)
Pro Portion ca. 450 kcal/1880 kJ
34 g E, 32 g F, 7 g KH

1 Das Hähnchenbrustfilet waschen, trocken tupfen, würfeln. Durch den Fleischwolf drehen. Frühlingszwiebeln waschen, putzen und hacken. Knoblauch schälen, 1 Zehe ebenfalls hacken. Paprikaschote waschen, putzen und hacken. Alles zusammen mit der Petersilie und dem Hähnchenhack mischen. Ei und Sahne unterheben und mit Salz und Pfeffer abschmecken.

2 Mit angefeuchteten Händen ca. 24 gleich große Bällchen formen und auf Spieße stecken. 5 El Olivenöl erhitzen und die Spieße darin von allen Seiten etwa 5 Minuten braten und warm stellen.

3 Safran in 4 El heißem Wasser auflösen. Brot würfeln, die übrige Knoblauchzehe hacken. 2 El Öl erhitzen und Knoblauch, Brot und Mandeln darin rösten. Tomate halbieren, würfeln und kurz mitschmoren. Dann die Mischung mit Essig und Safran würzen. Restliches Öl unterheben und abschmecken. Zu den Spießen servieren. Dazu frisches Brot reichen.

Geflügelröllchen
mit Möhren und Auberginen

Für 8 Portionen

2 große Möhren

4 El Olivenöl

Salz

Pfeffer

8 dicke Scheiben gekochte Hühnerbrust

2 kleine Auberginen

8 Scheiben Baguette zum Aufspießen

Zubereitungszeit: ca. 15 Minuten (plus Grillzeit)
Pro Portion ca. 120 kcal/500 kJ
6 g E, 6 g F, 11 g KH

1 Die Möhren putzen, waschen, trocknen und längs in ca. 3 mm dicke Scheiben hobeln. Mit der Hälfte des Öls einstreichen und unter dem Grill etwa 3 Minuten garen. Mit Salz und Pfeffer würzen. Je eine gegrillte Möhrenscheibe um ein Stück Hühnerbrust wickeln. Mit Spießen auf Brotstücke stecken.

2 Die Auberginen putzen, waschen und längs in 3 mm dicke Scheiben hobeln. Mit dem restlichen Öl einstreichen und unter dem Grill etwa 3 Minuten garen. Mit Salz und Pfeffer würzen. Je 1 gegrillte Auberginenscheibe um ein Stück Hühnerbrust wickeln. Mit Spießen auf Brotstücke stecken.

Tipp: Sehr lecker ist es, die Brotscheiben vorher zu rösten und mit 1 Knoblauchzehe einzureiben.

Geflügelbällchen
mit Roter Bete und Tomaten

Für 8 Portionen

4 El Butter

50 g Weizenmehl

300 ml Milch

2 El Olivenöl

200 g Hühnerbrustfilet

2 Knoblauchzehen

2 Eier

100 g Mehl

100 g Paniermehl

Salz

Pfeffer

2 kleine gekochte Rote Bete, gewürfelt

4 Tomaten, geachtelt

Essig

Öl

Baguette

Fett zum Frittieren

Zubereitungszeit: ca. 20 Minuten
(plus Schmor- und Frittierzeit)
Pro Portion ca. 320 kcal/1340 kJ
13 g E, 18 g F, 27 g KH

1 Aus Butter und Mehl eine Mehlschwitze herstellen. Mit der Milch ablöschen und unter Rühren eine sämige Sauce herstellen. Vom Herd nehmen.

2 Das Öl in einer Pfanne erhitzen. Die Hühnerbrust in Würfel schneiden und im heißen Öl von allen Seiten 3 Minuten braten. Knoblauch schälen, hacken und mit dem Hühnchenfleisch andünsten. Das Hühnchenfleisch pürieren, die Mehlschwitze hinzufügen und würzen. Abkühlen lassen und 8 kleine Bällchen formen.

3 Die Eier verquirlen. Die Bällchen in Mehl, Ei und Paniermehl wenden und im heißen Frittierfett etwa 4 Minuten backen. Geflügelbällchen aufspießen.

4 Aus der Roten Bete und den Tomaten mit Essig, Öl, Salz und Pfeffer zwei Salate herstellen. Die Geflügelbällchen daraufsetzen und servieren.

Partysnacks & Fingerfood

Geflügelterrine
mit Pistazien

Für 4 Portionen

450 g Hähnchenbrustfilet
500 ml Hühnerbrühe
120 g altbackenes Weißbrot
150 ml Milch
4 Eier
2 El Crème fraîche
2 El geschälte ungesalzene
Pistazien
Salz
Pfeffer
100 g Chorizo in Scheiben
Baguette
Kirschtomaten und
Cornichons zum Garnieren
Fett für die Form

Zubereitungszeit: ca. 20 Minuten
(plus Gar- und Backzeit)
Pro Portion ca. 510 kcal/2130 kJ
46 g E, 22 g F, 33 g KH

1 Das Hähnchenfleisch parieren, waschen und trocken tupfen. In einem Topf mit der Hühnerbrühe etwa 10 Minuten köcheln, bis das Fleisch gar ist.

2 Das Brot in der Milch einweichen. Das Hühnerfleisch grob im Mixer zerkleinern, eventuell etwas Brühe hinzunehmen. Das eingeweichte Brot, die Eier und die Crème fraîche hinzufügen und alles zu einem Teig verarbeiten. Zuletzt die Pistazien unter den Teig heben und die Masse würzen.

3 Eine Kastenform mit gefetteter Alufolie auslegen und die Geflügelmischung hineinfüllen. Im Backofen bei 200 °C (Umluft 180 °C) etwa 1 Stunde garen. In der Form auskühlen lassen. Dann in Scheiben schneiden. Mit einer Scheibe Chorizo auf Baguettescheiben legen und mit geviertelten Kirschtomaten und Cornichonscheiben garnieren.

Hähnchenbrust
mit Chili

Für 8 Portionen

450 g Hähnchenbrustfilet

2 Zwiebeln

4 Knoblauchzehen

1 rote Chilischote

4 El Olivenöl

2 Tl edelsüßes Paprikapulver

Saft von 1 Zitrone

4 El frisch gehackter Kerbel

Salz

Pfeffer

100 g Chorizo in Scheiben

8 Salatblätter

Ciabatta

Zubereitungszeit: ca. 20 Minuten
(plus Bratzeit)
Pro Portion ca. 220 kcal/920 kJ
18 g E, 10 g F, 15 g KH

1 Hähnchenbrust waschen, trocken tupfen und in etwa 2 cm breite Stücke schneiden. Zwiebel und Knoblauch schälen und hacken. Die Chili putzen, waschen, entkernen und in dünne Ringe schneiden.

2 Das Öl in einer Pfanne erhitzen. Fleisch mit Zwiebel, Knoblauch, Chilischote und Paprikapulver im heißen Öl etwa 3 Minuten unter Rühren braten.

3 Zitronensaft und Kerbel einrühren und alles salzen und pfeffern. Die Fleischstücke mit 1 Scheibe Chorizo und 1 Salatblatt auf Brotscheiben spießen.

Wachteln
im Speckmantel

Für 4 Portionen

8 Wachtelbrüste ohne Knochen

Salz

Pfeffer

8 Thymianzweige

8 Streifen Schale von 1 unbehandelten Zitrone

8 eingelegte Weinblätter

8 Scheiben geräucherter Speck

8 El Olivenöl

8 Scheiben kräftiges Roggenbrot

8 Zucchinischeiben

je 8 schwarze und grüne Oliven

Zubereitungszeit: ca. 20 Minuten (plus Grillzeit)
Pro Portion ca. 510 kcal/2130 kJ
18 g E, 37 g F, 28 g KH

1 Wachteln waschen, trocken tupfen und innen und außen mit Salz und Pfeffer einreiben. Jede Wachtelbrust aufschneiden und mit einem Thymianzweig und einem Streifen Zitronenschale füllen. Die Brüste zuerst in die Weinblätter hüllen, dann mit einer Scheibe Speck umwickeln. Mit Küchengarn fixieren.

2 Wachtelbrüste mit 4 El Olivenöl einpinseln und unter dem heißen Grill von beiden Seiten etwa 5 Minuten grillen, bis der Speck knusprig ist. Das Küchengarn entfernen.

3 Die Brotscheiben mit dem restlichen Olivenöl einstreichen und knusprig rösten. Die Zucchinischeiben mit unter den Grill legen. Je 1 Zucchinischeibe auf 1 Brotscheibe setzen, dann die Wachtelbrüste daraufgeben. Grüne und schwarze Oliven mit einem Spieß feststecken.

Früchte
im Speckmantel

Für 8 Portionen

2 Birnen

2 Pfirsiche

2 Bananen

8–12 Scheiben Frühstücks-
speck

Baguette in Scheiben

Fett für das Blech

Zubereitungszeit: ca. 10 Minuten
(plus Backzeit)
Pro Portion ca. 110 kcal/460 kJ
2 g E, 4 g F, 16 g KH

1 Die Birnen waschen, schälen, das Kerngehäuse entfernen und das Fruchtfleisch in Spalten schneiden. Die Pfirsiche waschen, schälen und das Fruchtfleisch vom Stein lösen. Ebenfalls in Scheiben schneiden. Die Bananen schälen und in mundgerechte Stücke teilen. Die Speckscheiben halbieren oder vierteln und die Fruchtstücke damit umwickeln.

2 Den Backofen auf 200 °C (Umluft 180 °C) vorheizen. Ein Backblech einfetten. Die Fruchtstücke darauflegen und so lange backen, bis der Speck knusprig ist. Nach Belieben auch weitere Speckscheiben im Ofen mitbacken. Die Fruchtspieße auf Baguettescheiben stecken und nach Belieben mit weiteren Speckstreifen garnieren.

Edel & festlich

Gemüse-Carpaccio
mit Koriander

Für 4 Portionen

1 Möhre

1 kleine Pastinake
(oder Petersilienwurzel)

Salz

1 Rote Bete

1/2 Zucchini

1/2 Salatgurke

Pfeffer

je 1/2 Bund Koriander und
Basilikum

1 Knoblauchzehe

250 ml Olivenöl

100 g Parmesan

Saft von 1 Zitrone

Zubereitungszeit: ca. 20 Minuten
(plus Bratzeit)
Pro Portion: ca. 710 kcal/2982 kJ
11 g E, 69 g F, 5 g KH

1 Möhre und Pastinake waschen, schälen und putzen. Beides in kochendem Salzwasser 3–4 Minuten blanchieren. Rote Bete waschen und in Wasser weich kochen, anschließend abschrecken und schälen. Zucchini und Gurke putzen, waschen und trocken tupfen. Sämtliche Gemüsesorten in sehr dünne Scheiben schneiden oder hobeln. Auf 4 Tellern anrichten. Mit Salz und Pfeffer würzen.

2 Kräuter waschen und trocken schütteln. Die Blättchen abzupfen, Knoblauch schälen, 200 ml Öl dazugeben und alles mit dem Zauberstab fein hacken. Anschließend mit Salz und Pfeffer abschmecken und das so entstandene Pesto auf den Gemüsetellern verteilen.

3 Parmesan fein hobeln oder reiben. Eine Pfanne ohne Fett erhitzen und nacheinander in 4 Portionen Parmesan hineinstreuen. Braten, bis alles geschmolzen ist. Herausnehmen, auf Küchenpapier trocknen lassen und in mundgerechten Stücken über dem Carpaccio verteilen. Mit Zitronensaft und restlichem Olivenöl beträufeln.

Maronencremesuppe
mit Cranberrys

Für 4 Portionen

1 Zwiebel

250 g geschälte, gegarte Maronen (vakuumverpackt)

1/2 El Butter

150 ml Cranberrysaft

1 l Gemüsebrühe

Salz

Pfeffer

1 Schuss Sherry

5 Stängel glatte Petersilie

250 g Zuckerschoten

2 El Öl

3 El getrocknete Cranberrys

100 ml Sahne

Zubereitungszeit: ca. 15 Minuten (plus Garzeit)
Pro Portion ca. 467kcal/1954 kJ
5 g E, 26 g F, 40 g KH

1 Die Zwiebel schälen und fein hacken, die Maronen in Würfel schneiden. Die Butter bei mittlerer Temperatur in einem Topf zerlassen, Maronen und Zwiebel darin 5 Minuten unter Rühren andünsten. Mit Cranberrysaft und Brühe ablöschen, aufkochen und 20 Minuten köcheln lassen. Anschließend die Suppe fein pürieren, mit Salz, Pfeffer und Sherry abschmecken.

2 Petersilie waschen und trocken schütteln. Die Blätter von den Stielen zupfen, fein hacken und in die Suppe geben.

3 Zuckerschoten waschen, putzen und in mundgerechte Stücke schneiden. Ca. 4 Minuten in kochendem Salzwasser garen, abgießen und abschrecken. Olivenöl bei mittlerer Temperatur in einer Pfanne erhitzen. Zuckerschoten zugeben und einige Minuten darin anbraten. Die Cranberrys ebenfalls in die Pfanne geben und unter Rühren 3–4 Minuten mitdünsten. Die Sahne nicht steif, sondern nur leicht anschlagen.

4 Die Suppe anrichten. Jeweils etwas von der Sahne unterziehen und etwas von der Zuckerschoten-Cranberry-Mischung daraufstreuen.

Möhren-Ingwer-Suppe
mit Garnelen

Für 4 Portionen

500 g Möhren

1 Zwiebel

2–3 cm frischer Ingwer

2 El Butter

100 ml Orangensaft

750 ml Hühnerbrühe

4 küchenfertige Riesengarnelen

1–2 El Olivenöl

Salz

Pfeffer

1 El Limettensaft

1 Prise Chilipulver

1/2 Tl Currypulver

100 g Crème fraîche

1 El frisch gehackter Koriander

Zubereitungszeit: ca. 20 Minuten
(plus Garzeit)
Pro Portion ca. 220 kcal/919 kJ
5 g E, 18 g F, 9 g KH

1 Die Möhren waschen, putzen und schälen, Zwiebel schälen. Beides grob würfeln. Ingwer schälen und fein hacken.

2 Die Butter in einem Topf zerlassen und Möhren, Zwiebel und Ingwer darin bei mittlerer Temperatur unter Rühren 5–10 Minuten dünsten. Mit Orangensaft und Hühnerbrühe ablöschen, aufkochen und bei mittlerer Hitze 15–20 Minuten köcheln lassen.

3 Die Garnelen längs einschneiden und den Darm entfernen. Garnelen waschen und trocken tupfen. Das Öl in einer Pfanne erhitzen und die Garnelen von allen Seiten einige Minuten scharf anbraten. Mit Salz und Pfeffer würzen und mit Limettensaft beträufeln. Pfanne vom Herd nehmen.

4 Die Suppe pürieren und mit Salz, Pfeffer, Chili- und Currypulver pikant abschmecken, dann Crème fraîche unterrühren. Die Suppe anrichten, mit frisch gehacktem Koriander bestreuen und jeweils eine Garnele hineinsetzen.

Erbsen-Cappuccino
mit Minze

Für 4 Portionen

400 g TK-Erbsen
2 Kartoffeln
450 ml Gemüsebrühe
200 ml Sahne
Salz
grüner Pfeffer
1 Spritzer Tabasco
100 g Naturjoghurt
2 El Milch
4 El gehackte Minze
1 guter Spritzer Minzlikör
4 Stängel Minze

Zubereitungszeit: ca. 10 Minuten
(plus Garzeit)
Pro Portion ca. 316 kcal/1321 kJ
7 g E, 18 g F, 21 g KH

1 TK-Erbsen in einen Topf geben. Kartoffeln waschen, schälen und in kleine Stücke schneiden. Kartoffeln und Gemüsebrühe zu den Erbsen geben, aufkochen und ca. 15–20 Minuten köcheln lassen. Die Sahne steif schlagen.

2 Den Topf vom Herd nehmen und die Suppe pürieren. Mit Salz, Pfeffer und Tabasco abschmecken. Joghurt mit der Milch verrühren und in die Suppe rühren. Noch einmal abschmecken und gehackte Minze und Minzlikör unterrühren.

3 Die Suppe mit Minzblättchen anrichten und jeweils einen Klecks Sahne daraufsetzen.

Schaumsüppchen
mit Steinpilzen

Für 6 Portionen

30 g getrocknete Steinpilze

4 Schalotten

30 g Butter

30 g Mehl

250 ml trockener Weißwein

250 ml Schlagsahne

40 g Parmesan

1 Bund Schnittlauch

Salz

Pfeffer

Zubereitungszeit: ca. 30 Minuten
(plus Einweich- und Kochzeit)
Pro Portion: ca. 240 kcal/1008 kJ
5 g E, 19 g F, 6 g KH

1 Getrocknete Steinpilze in 600 ml heißem Wasser mindestens 30 Minuten einweichen. Schalotten schälen und fein würfeln. Steinpilze in einem Sieb abtropfen lassen. Einweichwasser dabei auffangen.

2 Die Butter erhitzen. Schalotten darin glasig dünsten. Mit Mehl bestäuben, kurz anschwitzen. Wein, Einweichwasser und Sahne unter Rühren zugießen, Pilze dazugeben. Aufkochen und ca. 10 Minuten köcheln lassen.

3 Parmesan fein raspeln. Schnittlauch waschen, trocken schütteln und in kurze Röllchen schneiden. Die Suppe mit Salz und Pfeffer abschmecken. Die meisten Pilze herausheben.

4 Suppe kurz vor dem Servieren mit dem Stabmixer sehr schaumig aufschlagen. Pilze wieder dazugeben. Sofort anrichten und mit Schnittlauch und Parmesan bestreuen.

Eiercremesuppe
aus der Toscana

Für 4 Portionen

4 Eigelbe

500 ml Hühnerbrühe

2 cl Marsala

1/4 Tl Zimtpulver

Salz

50 g Butter

1 Prise Zucker

frisch geriebene Muskatnuss

Zubereitungszeit: ca. 5 Minuten
(plus Garzeit)

Pro Portion ca. 224 kcal/937 kJ

6 g E, 19 g F, 15 g KH

1 Die Eigelbe in eine Schüssel geben und nach und nach die Hühnerbrühe mit einem Schneebesen unterrühren. Anschließend Marsala zugeben und Zimt und etwas Salz unterrühren.

2 Die Eigelb-Brühe-Mischung durch ein Sieb in einen Topf gießen (oder in eine Schüssel und diese auf ein Wasserbad setzen) und unter kräftigem Rühren vorsichtig und langsam erhitzen (aber nicht kochen). Die Butter in Flöckchen nach und nach unterrühren.

3 Wenn die Suppe heiß ist und eine cremige Konsistenz hat, mit Zucker und Muskat abschmecken. Sofort servieren.

Geräucherte Gänsebrust
mit Apfelkompott

Für 6 Portionen

200 ml Apfelsaft

2 El Zitronensaft

1 El mittelscharfer Senf

1 1/2 El Honig

250 g Äpfel, gewürfelt

Salz

Pfeffer

1 El Thymianblättchen

50 g Walnüsse

10 g Zucker

10 g Butter

1 Friséesalat

1 Radicchio

2 Chicorée

4 El Himbeeressig

8 El Öl (z. B. Walnussöl)

1 Bund glatte Petersilie

300 g geräucherte Gänse-
brust (oder Entenbrust),
in Scheiben geschnitten

Zubereitungszeit: ca. 30 Minuten
(plus Kochzeit)
Pro Portion: ca. 332 kcal/1394 kJ
13 g E, 24 g F, 15 g KH

1 Für das Apfelkompott den Apfelsaft mit Zitronensaft, Senf und Honig verrühren, in einen Topf geben und aufkochen. Flüssigkeit auf 1/8 l einkochen
lassen. Apfelwürfel zugeben und 3 Minuten leise köcheln lassen. Salzen, pfeffern und die Hälfte des
Thymians zugeben. Erkalten lassen.

2 Die Walnüsse vierteln. Zucker in einer Pfanne
schmelzen, Butter darin aufschäumen, Nüsse
zugeben, restliche Thymianblättchen dazugeben.
Leicht salzen und erkalten lassen. Salate waschen,
putzen und in mundgerechte Stücke zupfen.

3 Aus Essig, Öl und ca. 6 El Wasser eine Vinaigrette anrühren und zum Schluss die gewa-
schene, trocken getupfte und klein gehackte Petersilie untermischen. Vinaigrette mit dem Salat vermischen und auf Teller verteilen.

4 Gänsebrust und Apfelkompott abwechselnd auf
Tellern zu kleinen Türmchen aufschichten und
mit dem Walnusskrokant dekorativ neben den Salat
setzen.

Gefüllte Zucchiniblüten
mit Ricotta

Für 4 Portionen

8 Zucchiniblüten

1/2 Bund Basilikum

4 eingelegte Sardellenfilets

4 schwarze Oliven

150 g Ricotta

Salz

Pfeffer

2 Eier

100 g Mehl

2 l Frittieröl

Zubereitungszeit: ca. 30 Minuten
(plus Frittierzeit)
Pro Portion ca. 387 kcal/1625 kJ
34 g E, 18 g F, 22 g KH

1 Die Zucchiniblüten vorsichtig waschen, trocken tupfen und innen den Stempel entfernen. Das Basilikum waschen, trocken schütteln und die Blättchen mit den Sardellenfilets und den Oliven hacken. In den Ricotta rühren und die Creme mit Salz und Pfeffer würzen. Vorsichtig in die Zucchiniblüten füllen.

2 Aus Eiern und Mehl einen Teig rühren und die Zucchiniblüten darin wenden. Das Frittieröl erhitzen und die Blüten etwa 6 Minuten frittieren, dabei wenden. Auf Küchenpapier abtropfen lassen und warm servieren.

Artischocken
mit Kräuter-Eier-Vinaigrette

Für 4 Portionen

4 große Artischocken
4 El Zitronensaft oder Essig
1 Möhre
2 Sardellenfilets
1 kleines Glas Kapern
2 hart gekochte Eier
1 Bund Schnittlauch
1 Bund glatte Petersilie
6 El Weißweinessig
1 El körniger Senf
12 El Distelöl
Salz
Pfeffer aus der Mühle

Zubereitungszeit: ca. 15 Minuten
(plus Kochzeit)
Pro Portion: ca. 293 kcal/1231 kJ
1 g E, 31 g F, 3 g KH

1 Die Artischocken unter fließendem Wasser gründlich abspülen. Die untersten Blätter entfernen und den Stiel möglichst kurz abschneiden. Die oberen Spitzen – rund ein Drittel der Artischocke – mit einem schweren scharfen Messer abschneiden, dadurch wird der Kochvorgang verkürzt. In mit etwas Zitronensaft oder Essig gewürztem Wasser ca. 25 Minuten garen.

2 Die Möhre schälen, Sardellen und Kapern abtropfen lassen. Eier, Sardellen und Kapern fein würfeln. Schnittlauch und Petersilie waschen, trocken schütteln. Schnittlauch in Röllchen schneiden, Petersilienblättchen fein hacken und alles mit Essig, Senf, Öl, Salz und Pfeffer gut verrühren.

3 Die Artischocken nach Ende der Garzeit (Garprobe: ein Blatt abzupfen, löst es sich leicht, ist die Artischocke gar) aus dem Wasser nehmen und umgedreht auf ein Tuch oder Sieb zum Abtropfen legen. Anschließend auf Tellern anrichten und die Vinaigrette separat dazu servieren.

Parmaschinken
mit Melone

Für 4 Portionen

1 Honigmelone
125 g Parmaschinken in
dünnen Scheiben
2 Tomaten
1/2 Bund glatte Petersilie
1/2 Bund Basilikum
100 ml Olivenöl
50 ml Weinessig
Salz
Pfeffer

Zubereitungszeit: ca. 30 Minuten
Pro Portion ca. 347 kcal/1459 kJ
8 g E, 38 g F, 5 g KH

1 Die Melone halbieren, die Kerne mit einem Löffel entfernen, die Melone schälen und in dünne Spalten schneiden. Melonenspalten und Schinkenscheiben dekorativ auf Tellern anrichten.

2 Die Tomaten kreuzweise einritzen, heiß überbrühen, häuten und von den Stielansätzen befreien. Tomaten entkernen und fein würfeln. Die Kräuter waschen, trocken schütteln, Blättchen von den Stängeln zupfen und alles hacken.

3 Olivenöl mit Essig, Tomaten und Kräutern zu einer Marinade verrühren, mit Salz und Pfeffer abschmecken. Marinade über den Schinken geben und servieren.

Kalbscarpaccio
mit Steinpilzen

Für 4 Portionen

400 g angefrorenes Kalbsfilet

Salz

Pfeffer

2 El Weißweinessig

2 El Zitronensaft

5 El Olivenöl

je 1/2 Tl frisch gehackter
Rosmarin und Thymian

einige Blätter Friséesalat

2 rote Zwiebeln

100 g kleine Steinpilze

Zubereitungszeit: ca. 15 Minuten
Pro Portion ca. 257 kcal/1079 kJ
21 g E, 18 g F, 2 g KH

1 Das Kalbsfilet in hauchdünne Scheiben schneiden. Mit Salz und Pfeffer würzen und auf Tellern anrichten. Aus Essig, Zitronensaft, Öl, den Kräutern sowie Salz und Pfeffer ein Dressing bereiten und 2/3 davon über die Fleischscheiben träufeln.

2 Die Salatblätter waschen, trocken schütteln und auf den Fleischscheiben anrichten. Die Zwiebeln schälen und sehr fein hacken.

3 Die Pilze putzen, feucht abreiben und in dünnen Scheiben auf die Salatblätter hobeln. Mit Salz und Pfeffer und dem restlichen Dressing beträufeln und mit Zwiebeln bestreuen.

Edel & festlich

Rehfilet
mit Entenleberpastete

Für 10 Stück

250 g Rehrückenfilet

2 El Öl

Salz

Pfeffer

3–4 Salatblätter

5 dünne Scheiben Nussbrot

6 El Preiselbeeren (Glas)

150 g Entenleberpastete

1 kleiner Zweig Rosmarin

Zubereitungszeit: ca. 20 Minuten
(plus Bratzeit)
Pro Stück ca. 132 kcal/554 kJ
E 9 g, F 5 g, KH 11 g

1 Das Rehfilet waschen, trocken tupfen und im heißen Öl von jeder Seite ca. 5 Minuten braten. Mit Salz und Pfeffer würzen und abkühlen lassen. Anschließend in 10 Scheiben schneiden.

2 Den Salat putzen, waschen, trocken schütteln und in kleine Stücke zupfen. Brotscheiben diagonal halbieren und mit 5 El Preiselbeeren bestreichen. Mit Salat und Filet belegen. Die Leberpastete würfeln, daraufsetzen und mit den restlichen Beeren und ein paar Rosmarinnadeln garnieren.

Gemüse-Terrine
mit Maronen

Für 4 Portionen

400 g vorgegarte Maronen

Salz

100 g Brokkoli

100 g Möhren, gewürfelt

100 g Paprikaschoten,
gewürfelt, rot oder gelb

2 Bund glatte Petersilie

2 Zweige frischer Thymian

4 Eier

250 g Quark

100 g Vollkornbrot vom
Vortag, gerieben

200 g Käse, gerieben,
nach Belieben

Kräutersalz

Pfeffer

2 TL Paprikapulver

Olivenöl zum Beträufeln

Fett für die Form

Zubereitungszeit: ca. 30 Minuten
(plus Backzeit)
Pro Portion: ca. 592 kcal/2486 kJ
34 g E, 26 g F, 52 g KH

1 Die Maronen in wenig gesalzenem Wasser weich garen, abgießen und mit der Gabel zerdrücken. Das Gemüse waschen, putzen, trocken tupfen und ebenfalls in wenig gesalzenem Wasser bissfest garen. Petersilie und Thymian waschen, trocken schütteln und die Blättchen fein hacken. Eier aufschlagen und mit dem Quark vermischen.

2 Anschließend Maronen, Gemüse, Eier-Quark, Brot, Kräuter und Käse in einer Schüssel gut vermengen und mit Kräutersalz, Pfeffer und Paprikapulver würzen. In eine gefettete Terrine füllen und glatt streichen.

3 Die Terrine in einen Bräter stellen, den Bräter zu 3/4 mit Wasser füllen, bei 180 °C ca. 1 Stunde backen.

4 Die Terrine kann warm oder kalt serviert werden. Nach Belieben mit einigen Tropfen besten Olivenöls beträufelt servieren.

Lachsröllchen
mit Forellenkaviar

Für 4 Portionen

100 g Magerquark

Salz

Pfeffer

2 El frisch geriebener Meerrettich

etwas Milch oder Sahne

1 Bund Dill

1 Salatgurke

einige Blätter Eichblattsalat

8 Scheiben geräucherter Lachs

4 El Kaviar (Forellenkaviar)

Limettenscheiben zum Garnieren

Zubereitungszeit: ca. 20 Minuten
Pro Portion: ca. 157 kcal/659 kJ
20 g E, 7 g F, 4 g KH

1 Quark mit Salz und Pfeffer würzen und mit dem Meerrettich und etwas Milch oder Sahne zu einer gleichmäßigen Creme rühren. Den Dill waschen, trocken schütteln und bis auf ein paar Zweige zum Garnieren fein hacken. Gehackten Dill unterrühren.

2 Die Gurke schälen. Ein Drittel davon in dünne Streifen schneiden, restliche Gurke würfeln, Eichblattsalat waschen, trocken schleudern und in längliche Streifen schneiden.

3 Die Lachsscheiben halbieren und mit Meerrettichquark bestreichen. Eichblattstreifen und Gurkenstreifen darauf verteilen und alles aufrollen. Die Röllchen mit den Gurkenwürfeln anrichten. Forellenkaviar darauf verteilen. Nach Belieben mit Limettenscheiben und Dill garniert servieren.

Pastis-Garnelen
mit Fenchel

Für 4 Portionen

600 g Garnelen ohne Kopf
mit Schwanz (frisch oder TK)
3 Fenchelknollen
5 Schalotten
1 El + 150 g eiskalte Butter
Salz
Pfeffer
2 El Öl
5 El Pastis
150 ml Fischfond

Zubereitungszeit: ca. 20 Minuten
(plus Kochzeit)
Pro Portion: ca. 570 kcal/2394 kJ
30 g E, 39 g F, 8 g KH

1 Garnelen gut abspülen und trocken tupfen. Fenchel waschen und putzen, das Grün fein hacken und beiseitelegen. Die Fenchelknolle selbst in dünne Scheiben hobeln. Schalotten schälen und fein würfeln.

2 1 El Butter in einer Pfanne erhitzen und den Fenchel mit der Hälfte der Schalottenwürfel darin anbraten. 5–6 El Wasser zufügen und zugedeckt 8–10 Minuten dünsten. Mit Salz und Pfeffer abschmecken.

3 Inzwischen Öl in einer zweiten Pfanne erhitzen. Garnelen und die übrigen Schalotten darin 2–3 Minuten braten, dabei häufiger wenden. Mit Salz und Pfeffer würzen, herausnehmen und zugedeckt warm stellen.

4 Bratensatz mit Pastis und Fischfond ablöschen. Bei starker Hitze auf die Hälfte einkochen, anschließend die Hitze reduzieren. Die kalte Butter in Stücke schneiden. Bei schwacher Hitze nach und nach mit dem Schneebesen unter die heiße, aber nicht mehr kochende Sauce rühren, bis sie leicht sämig wird. Abschmecken, alles anrichten und das Fenchelgrün darüberstreuen. Dazu schmecken Ofenkartoffeln.

Schwertfisch
in Marsala

Für 4 Portionen

4 Schwertfischsteaks
Salz
Pfeffer
3 El Zitronensaft
4 El Olivenöl
1 Zwiebel
1 Knoblauchzehe
125 ml trockener Weißwein
75 ml Marsala
1/2 Bund Petersilie
2 Sardellen aus dem Glas

Zubereitungszeit: ca. 20 Minuten
(plus Kochzeit)
Pro Portion ca. 353 kcal/1478 kJ
36 g E, 20 g F, 3 g KH

1 Die Schwertfischsteaks waschen, trocken tupfen, salzen, pfeffern und mit dem Zitronensaft beträufeln. Im heißen Olivenöl von jeder Seite 2 Minuten braten.

2 Die Zwiebel und die Knoblauchzehe schälen, hacken und mitdünsten. Weißwein und Marsala angießen, alles abgedeckt 5 Minuten köcheln. Fisch aus der Sauce nehmen und warm stellen.

3 Die Petersilie waschen, trocken schütteln und die Blättchen klein hacken. Sardellen abtropfen lassen und zerdrücken. Sardellen in die Sauce rühren und aufkochen.

4 Unter Rühren um ein Drittel einkochen lassen und mit den Schwertfischsteaks servieren. Dazu passen Nudeln mit Tomaten und Basilikum.

Edel & festlich

Seebarsch
mit Olivensauce

Für 4 Portionen

4 küchenfertige Seebarsche
Salz
Pfeffer
Saft von 1 Zitrone
1 Tl Worcestersauce
150 g Mehl
4 Estragonzweige
1 Bund Frühlingszwiebeln
2 El Olivenöl
100 g gekochter Schinken
1 rote Chilischote
100 g entsteinte schwarze Oliven
1 El Kapern (aus dem Glas)
2 El Tomatenmark
200 ml Weißwein
200 ml Gemüsebrühe

Zubereitungszeit: ca. 30 Minuten
(plus Zeit zum Ziehen und Grillen)
Pro Portion ca. 550 kcal/2310 kJ
49 g E, 16 g F, 42 g KH

1 Die Seebarsche salzen, pfeffern und in einer Marinade aus dem Zitronensaft und Worcestersauce 10 Minuten ziehen lassen. Abtropfen lassen und in Mehl wenden.

2 Jeden Barsch mit 1 Estragonzweig füllen und unter dem heißen Grill im Backofen etwa 15 Minuten grillen.

3 Die Frühlingszwiebeln putzen, waschen, in Ringe schneiden und im heißen Olivenöl andünsten. Den Schinken würfeln, die Chilischote waschen, putzen und hacken. Die Oliven hacken, die Kapern abtropfen lassen.

4 Alles zu den Frühlingszwiebeln geben und mitschmoren. Das Tomatenmark unterrühren und mit Weißwein und Gemüsebrühe ablöschen. Sauce mit Salz und Pfeffer abschmecken und zum Fisch servieren.

Lachs-Spinat-Päckchen
mit Kapern

Für 4 Portionen

250 g Blattspinat

500 g Kartoffeln

600 g Lachsfilet (ohne Haut)

2 Stängel Petersilie

2 Stängel Basilikum

3 Schalotten

3 El Salzkapern (ersatzweise eingelegte Kapern aus dem Glas)

3 El Butter

1 Knoblauchknolle

1 unbehandelte Limette

Salz

Pfeffer

Zubereitungszeit: ca. 30 Minuten (plus Garzeit)

Pro Portion: ca. 470 kcal/1974 kJ

33 g E, 29 g F, 16 g KH

1 Den Spinat putzen, waschen und gut abtropfen lassen bzw. trocken schleudern.

2 Die Kartoffeln schälen, waschen, in kochendem Salzwasser ca. 15 Minuten vorgaren, dann abgießen und in dünne Scheiben schneiden. Lachs abspülen, trocken tupfen und in 4 Stücke schneiden.

3 Petersilie und Basilikum waschen, trocken schütteln und Blättchen fein hacken. Schalotten schälen und fein würfeln. Die Kapern wässern, gut abtropfen lassen und grob hacken. Alles mit Butter verkneten. Knoblauchknolle zerteilen und die Zehen schälen. Limette heiß waschen, trocken tupfen und in Scheiben schneiden.

4 Den Backofen auf 200 °C (Umluft 180 °C) vorheizen. 4 große Stücke Pergament- oder Backpapier zurechtlegen. Die Kartoffelscheiben jeweils in die Mitte legen und mit Salz und Pfeffer würzen. Spinat und Lachs daraufsetzen. Die Kräuter-Kapernbutter in Flöckchen auf den Lachs geben. Mit Limettenscheiben belegen. Je 1/4 der Knoblauchzehen dazulegen.

5 Das Papier darüber zusammenfalten und an den Seiten gut verschließen. Im Backofen ca. 20 Minuten backen. Papier entfernen und sofort servieren.

Seeteufelfilet
mit Olivensauce

Für 4 Portionen

2 unbehandelte Zitronen

1 Zweig Rosmarin

1 Tl Meersalz

4 Seeteufelfilets (à ca. 200 g)

200 g schwarze Oliven
(ohne Stein)

1/2 rote Chilischote

je 1/2 Bund Basilikum,
Majoran und Petersilie

zarte Blätter vom
Staudensellerie

1 Knoblauchzehe

8 El Olivenöl

Pfeffer

etwas Aceto balsamico

150 g Rucola

Salz

Zubereitungszeit: ca. 20 Minuten
(plus Marinier- und Garzeit)
Pro Portion ca. 400 kcal/1680 kJ
38 g E, 26 g F, 1 g KH

1 Die Zitronen waschen, trocknen und die Schale fein abreiben. Zitronen auspressen und beiseitestellen. Rosmarin waschen und trocken schütteln. Nadeln abzupfen, mit Salz und Zitronenschale im Mörser zerstoßen. Fisch abspülen, trocken tupfen und mit der Paste einreiben. In Folie wickeln und 1 Stunde im Kühlschrank ziehen lassen.

2 Die Oliven grob hacken. Chili längs aufschneiden, entkernen und hacken. Kräuter und Staudensellerieblätter waschen, trocken schütteln und hacken. Knoblauch schälen und fein hacken. 3 El Olivenöl und 4–5 El Zitronensaft unterrühren. Mit Pfeffer und Aceto balsamico abschmecken.

3 Backofen auf 200 °C (Umluft 180 °C) vorheizen. Fischfilets aus dem Kühlschrank nehmen, Marinade abtupfen und mit etwas Olivenöl bestreichen. Eine große ofenfeste Pfanne erhitzen. 1–2 El Olivenöl hineingeben. Den Fisch darin auf beiden Seiten 2 Minuten anbraten und ca. 7 Minuten im Ofen fertig garen.

4 Rucola putzen, waschen und trocken schleudern. In einer Schüssel mit dem restlichen Olivenöl und etwas Zitronensaft, Salz und Pfeffer anmachen. Rucola und Fisch auf vorgewärmten Tellern mit der Olivenpaste anrichten. Dazu schmeckt Kartoffelpüree.

Maishühnchen
mit Estragon-Senf-Sauce

Für 4 Portionen

700 g Romanesco

Salz

3 Schalotten

2 Stängel Estragon

2 Maishühnchenbrüste mit
Haut (à ca. 400 g)

2 El Öl

2 El Butter

1 El Mehl

400 ml Geflügelfond

3 Tl Dijonsenf

2 El Crème fraîche

Pfeffer

3 El Mandelblättchen

Streifen aus der Orangen-
schale zum Garnieren

Zubereitungszeit: ca. 35 Minuten
(plus Brat- und Garzeit)
Pro Portion ca. 420 kcal/1764 kJ
39 g E, 24 g F, 8 g KH

1 Romanesco putzen, waschen und in kleine Rös-
chen teilen. Zugedeckt in wenig kochendem
Salzwasser 8–10 Minuten garen. Schalotten schälen
und fein würfeln. Estragon waschen, trocken schütteln, Blättchen abzupfen, etwas zum Garnieren beiseitelegen, den Rest fein hacken. Hähnchenbrüste
samt Haut vom Knochen schneiden, waschen und
trocken tupfen. Öl in einer Pfanne erhitzen. Filets
darin von allen Seiten 6–8 Minuten braten, würzen,
herausnehmen und warm stellen.

2 1 El Butter im Bratfett erhitzen. Schalotten darin andünsten, mit Mehl bestäuben und goldgelb anschwitzen. Fond unter ständigem Rühren angießen. Sauce aufkochen und ca. 5 Minuten köcheln.
Estragon, Senf und Crème fraîche in die Sauce rühren. Mit Salz und Pfeffer abschmecken.

3 Mandeln in einer Pfanne ohne Fett goldgelb
rösten. 1 El Butter zufügen und schmelzen. Romanesco abtropfen lassen und darin schwenken.
Alles anrichten. Mit Orangenschale und restlichem
Estragon garnieren. Dazu passt Baguette oder Reis.

Kalbsbrust
mit Schweinefilet

Für 4 Portionen

je 100 g Kalbshirn und
Kalbsbries

15 g getrocknete Steinpilze

1 Knoblauchzehe

750 g Kalbsbrust mit Tasche

100 g Schweinefilet

30 g Butter

200 ml Weißwein

75 g Erbsen

1 El gehackter Majoran

2 El gehackte Pistazien

3 El geriebener Parmesan

3 Eier

2 l Gemüsebrühe

Zubereitungszeit: ca. 45 Minuten
(plus Zeit zum Wässern, Einweichen, Schmoren und Kochen)
Pro Portion ca. 440 kcal/1848 kJ
48 g E, 25 g F, 4 g KH

1 Kalbshirn und Kalbsbries 2 Stunden wässern und säubern. Die Steinpilze in kaltem Wasser einweichen. Die Knoblauchzehe schälen und die Kalbsbrust damit einreiben. Das Schweinefilet würfeln. Butter erhitzen und das Schweinefilet darin andünsten. Kalbshirn und -bries dazugeben und mitdünsten. Weißwein angießen.

2 Die Steinpilze abtropfen lassen, klein schneiden und 2 Minuten mitköcheln, Mischung pürieren. Fleischpüree mit Erbsen, Majoran, Pistazien, Parmesan und Eiern zu einem glatten Teig verarbeiten. In die Kalbsbrust füllen und diese mit Küchengarn verschließen.

3 Kalbsbrust in einem großen Topf mit Gemüsebrühe abgedeckt etwa 10 Minuten köcheln, ohne Deckel 1 weitere Stunde köcheln. Herausnehmen, mehrmals einstechen und zwischen 2 Tellern abkühlen lassen. In Scheiben schneiden und mit einer Öl-Kräuter-Sauce servieren.

Kalbfleischragout
mit Rosmarin

Für 4 Portionen

700 g Kalbfleisch

3 El Olivenöl

1 Zwiebel

2 Knoblauchzehen

je 1 El gehackter Rosmarin und Salbei

1 Lorbeerblatt

200 g Tomaten

125 ml trockener Weißwein

50 g entsteinte grüne Oliven

1 El Kapern

2 Sardellen

Salz

Pfeffer

Zubereitungszeit: ca. 30 Minuten
(plus Zeit zum Schmoren)
Pro Portion ca. 290 kcal/1218 kJ
37 g E, 11 g F, 5 g KH

1 Das Kalbfleisch würfeln. Olivenöl in einer Pfanne erhitzen und das Fleisch darin kräftig anbraten. Fleisch aus der Pfanne nehmen. Die Zwiebel und den Knoblauch schälen, hacken und mit Rosmarin, Salbei und Lorbeer im verbliebenen Öl anschmoren.

2 Die Tomaten an den Stielansätzen kreuzweise einritzen, in kochendem Wasser kurz blanchieren, kalt abschrecken, häuten und würfeln. Mit den Fleischwürfeln, dem Weißwein, den Oliven und Kapern in die Pfanne geben. Die Sardellen hacken und dazugeben. Mit Salz und Pfeffer würzen. Abgedeckt etwa 40 Minuten schmoren. Mit Weißbrot servieren.

Gespickte Lammkeule
mit Sardellen

Für 4–5 Portionen

1 Lammkeule (ca. 1,5 kg)

4–6 Knoblauchzehen

30 g Sardellen

Pfeffer

Salz

2 El scharfer, grober Senf

2 El Kräuter der Provence

Zubereitungszeit: ca. 15 Minuten
(plus Garzeit)

Pro Portion: ca. 615 kcal/2583 kJ
65 g E, 37 g F, 2 g KH

1 Den Backofen auf 150 °C vorheizen (Umluft 130 °C). Die Lammkeule waschen und trocken tupfen. Knoblauchzehen schälen und in Stifte schneiden. Sardellen abspülen und halbieren.

2 Die Lammkeule mit einem spitzen Messer rundherum einstechen und pro Einstich je einen Knoblauchstift und ein Stück Sardelle stecken. Die Keule mit Pfeffer und Salz kräftig würzen, mit Senf bestreichen und mit den Kräutern bestreuen.

3 Die Keule in eine Fettpfanne geben, eine Tasse Wasser dazugießen und im Backofen etwa 2–3 Stunden garen. In regelmäßigen Abständen etwas Flüssigkeit aus der Fettpfanne über den Braten gießen und bei Bedarf etwas mehr heißes Wasser dazugeben. Dazu passen grüne Bohnen und Duchesse-Kartoffeln.

Kräuterfilet
aus dem Ofen

Für 4–5 Portionen

600 g Rinderfilet

2 El Öl

Salz

Pfeffer

1 Bund Petersilie

1 Bund Schnittlauch

1 Bund Basilikum

300 g Kohlrabi

300 g Möhren

150 g Zuckerschoten

1 El Butter

1 Msp. Gemüsebrühe

Fett für die Form

Zubereitungszeit: ca. 45 Minuten
(plus Garzeit)
Pro Portion: ca. 620 kcal/2604 kJ
45 g E, 33 g F, 32 g KH

1 Das Rinderfilet waschen und trocken tupfen. Den Backofen auf 200 °C (Umluft 180 °C) vorheizen. Öl in einem Bräter oder einer ofenfesten Pfanne erhitzen. Filet im heißen Öl rundherum bei starker Hitze 5–8 Minuten kräftig anbraten. Mit Salz und Pfeffer würzen. In den Ofen stellen und 25–30 Minuten braten.

2 Die Kräuter waschen, trocken schütteln, hacken und auf einen flachen Teller streuen. Abgedeckt zur Seite stellen. Kohlrabi und Möhren waschen, putzen und in kleine Würfel schneiden. Zuckerschoten waschen und quer in 2–3 Streifen schneiden.

3 Butter in einem Topf erhitzen. Gemüse darin bei mittlerer Hitze 3 Minuten andünsten. 100 ml Wasser und die Brühe zufügen und alles zugedeckt 5–6 Minuten sanft garen.

4 Filet aus dem Ofen nehmen, in den Kräutern wälzen, in Alufolie wickeln und ca. 10 Minuten ruhen lassen. Anschließend aus der Folie wickeln und in Scheiben schneiden. Mit dem Gemüse anrichten. Dazu passt Kartoffelgratin.

Spanisches Kaninchen
mit Sultaninen

Für 4 Portionen

4 Kaninchenkeulen (à 250 g)
Salz
Pfeffer
2 Zwiebeln
2 Knoblauchzehen
1 Bund Petersilie
2 El Öl
2 Lorbeerblätter
2 Tl edelsüßes Paprikapulver
1 P. Safranfäden (1 g)
100 ml trockener Sherry
50 g Sultaninen
200 ml Geflügelbrühe
1 Dose Kichererbsen (425 g)

Zubereitungszeit: ca. 30 Minuten
(plus Garzeit)
Pro Portion: ca. 372 kcal/1562 kJ
43 g E, 10 g F, 21 g KH

1 Die Kaninchenkeulen waschen, trocken tupfen und rundum salzen und pfeffern. Zwiebeln schälen und fein würfeln, Knoblauch ebenfalls schälen und in feine Scheiben schneiden. Petersilie waschen, trocken schütteln und hacken.

2 Öl in einem Bräter erhitzen und die Kaninchenkeulen darin rundum kräftig anbraten. Zwiebeln und Knoblauch dazugeben und weitere 2 Minuten braten. Lorbeerblätter, Paprikapulver und Safranfäden dazugeben und mit dem Sherry ablöschen. Sultaninen und die Geflügelbrühe dazugeben, aufkochen und zugedeckt bei mittlerer Hitze ca. 1 Stunde schmoren.

3 Kichererbsen in einem Sieb abspülen und abtropfen lassen. 10 Minuten vor Ende der Garzeit in den Bräter geben. Alles mit Salz und Pfeffer abschmecken und mit reichlich Petersilie bestreuen.

Wildschweinmedaillons
mit Rotkraut

Für 4 Portionen

1 Rotkohl (ca. 1 kg)

4 Boskop-Äpfel

1 kleine Zwiebel

1 El Butterschmalz

2 Msp. gemahlene
Gewürznelken

2 Msp. gemahlener
Sternanis

Salz

Pfeffer

2 El Aceto balsamico

8 Wildschweinmedaillons
(à 80 g)

8 Scheiben Frühstücksspeck

2 El Öl

100 ml Portwein

1 Glas Wildfond (400 ml)

2 El eingelegte grüne
Pfefferkörner

1–2 El dunkler Saucenbinder

Zubereitungszeit: ca. 30 Minuten
(plus Gar- und Bratzeit)
Pro Portion: ca. 410 kcal/1722 kJ
37 g E, 20 g F, 10 g KH

1. Äußere Blätter des Rotkohls entfernen. Den Kopf vierteln, Strunk entfernen, den Rotkohl in feine Streifen schneiden und waschen. Äpfel waschen, schälen, Gehäuse entfernen und in kleine Stücke schneiden. Zwiebel schälen und in feine Würfel schneiden.

2. Butterschmalz in einem Topf erhitzen. Zwiebelwürfel darin glasig dünsten. Rotkohl, Nelken und Sternanis dazugeben, alles salzen und pfeffern und 5 Minuten weiterdünsten. Aceto balsamico und etwas Wasser dazugeben, gut durchrühren, dann die Äpfel dazugeben und zugedeckt bei schwacher Hitze ca. 30 Minuten schmoren. Mehrmals umrühren. Falls nötig, weiteres Wasser zufügen.

3. Fleisch waschen und trocken tupfen. Mit je 1 Scheibe Speck umwickeln, evtl. mit Holzspießchen feststecken. Öl in einer Pfanne erhitzen und das Fleisch darin rundherum (auch am Rand) kräftig anbraten. Dann die Hitze verringern und pro Seite ca. 4 Minuten fertig braten. Herausnehmen und warm stellen.

4. Bratensatz mit Portwein und Wildfond ablöschen, aufkochen und bei starker Hitze ca. 10 Minuten auf die Hälfte einkochen lassen. Pfefferkörner dazugeben. Saucenbinder einrühren und ca. 1 Minute köcheln. Medaillons mit der Sauce und dem Rotkohl anrichten. Dazu passen Kroketten.

Rinderfilet
mit Maronen

Für 4 Portionen

12 vorgegarte Maronen
4 El Semmelbrösel
100 g Butter
1 El gehackte Kräuter
1 Tl Senf
Salz
Pfeffer
400 g Schalotten
4 Rinderfiletsteaks (à 200 g)
2 El Öl
1 El Zucker
400 ml kräftiger Rotwein
600 ml Kalbsfond

Zubereitungszeit: ca. 45 Minuten
(plus Brat-, Koch- und
Gratinierzeit)
Pro Portion: ca. 671 kcal/2818 kJ
73 g E, 26 g F, 20 g KH

1 Die Maronen hacken und mit den Semmelbröseln, 60 g Butter, gehackten Kräutern und Senf vermischen. Die restliche Butter in Flöckchen schneiden und tiefkühlen. Maronenmischung mit Salz und Pfeffer abschmecken. Schalotten schälen und vierteln, den Backofengrill vorheizen.

2 Steaks waschen und trocken tupfen, im erhitzten Öl in einer Pfanne auf beiden Seiten ca. 2 Minuten anbraten und mit Salz und Pfeffer würzen. Dann in Alufolie gewickelt auf eine vorgewärmte Platte geben. Den Backofengrill vorheizen.

3 Schalotten in der Steak-Pfanne anbraten, Zucker dazugeben und kurz karamellisieren lassen. Mit Salz und Pfeffer würzen und mit Rotwein ablöschen. Auf die Hälfte einkochen lassen, Kalbsfond dazugeben und nochmals einkochen lassen, bis die Konsistenz leicht sirupartig ist.

4 Die Maroni-Mischung auf den Steaks verteilen und im vorgeheizten Ofen gratinieren, bis sie knusprig-braun ist. Schalotten-Confit noch einmal mit Salz und Pfeffer abschmecken, die eiskalte Butter einrühren und mit den Steaks anrichten. Dazu passen Püree und Grilltomaten.

Gute Grundlagen

Italienische Wirsingsuppe
mit Fontina

Für 4 Portionen

1 mittelgroßer Wirsing
Salz
250 g Weißbrot vom Vortag
100 g Butter
ca. 800 ml Gemüsebrühe
250 g Fontina in Scheiben
weißer Pfeffer
Butter für die Form

Zubereitungszeit: ca. 20 Minuten
(plus Gar- und Backzeit)
Pro Portion ca. 690 kcal/2884 kJ
30 g E, 41 g F, 39 g KH

1 Den Wirsing putzen, die äußeren, dunkelgrünen Blätter entfernen. Wirsing halbieren, vierteln und den Strunk herausschneiden. Die Blätter in feine Streifen schneiden. Waschen und in ausreichend kochendem Salzwasser ca. 10 Minuten vorkochen. Abgießen, abschrecken und abtropfen lassen.

2 Den Backofen auf 220 °C (Umluft 200 °C) vorheizen. Das Weißbrot in Scheiben schneiden und eine große Auflaufform mit etwas Butter einfetten. Den Boden mit einer Schicht Brotscheiben auslegen und 3 Esslöffel Gemüsebrühe darüberträufeln. Dann eine Schicht Kohl einfüllen, 2 Esslöffel Butter in Flöckchen daraufsetzen und alles mit Fontina belegen. So fortfahren, bis alle Zutaten verbraucht sind. Mit einer Lage Brotscheiben abschließen.

3 Die restliche Brühe darübergießen und die restliche Butter in Flöckchen daraufsetzen.

4 Die Suppe in den Backofen schieben und ca. 25 Minuten garen, bis die Brotscheiben goldgelb sind. Mit Salz und Pfeffer nachwürzen.

Französische Zwiebelsuppe
mit Crème double

Für 4 Portionen

4–5 Zwiebeln (ca. 400 g)

3 Knoblauchzehen

2 El Butter

1,5 l Gemüsebrühe

Pfeffer

4 Scheiben Roggenbrot

400 g Gruyère in Scheiben

100 g Crème double

Zubereitungszeit: ca. 15 Minuten
(plus Garzeit)
Pro Portion ca. 380 kcal/1588 kJ
15 g E, 17 g F, 35 g KH

1 Zwiebeln und Knoblauch schälen und beides in feine Scheiben schneiden. Die Butter in einem großen Topf zerlassen und Zwiebeln und Knoblauch darin bei mittlerer Hitze ca. 8 Minuten goldbraun anbraten. Brühe zugießen und die Zwiebeln zugedeckt bei schwacher Hitze ca. 20 Minuten köcheln. Mit Pfeffer würzen.

2 Den Backofen auf 150 °C (Umluft: 130 °C) vorheizen. Die Brotscheiben toasten und halbieren. Brot und Käse abwechselnd in ofenfeste Suppenschälchen schichten und die Zwiebelsuppe darübergießen. Die Suppenschüsseln ca. 10 Minuten in den Backofen stellen. Kurz vor dem Servieren je 1 Klecks Crème double auf der Suppe verlaufen lassen.

Soljanka
mit Speck

Für 4 Portionen

200 g Zwiebeln
100 g durchwachsener Speck
2 Knoblauchzehen
100 g Champignons
3–4 El Öl
2 Gewürz- oder Salzgurken
500 g Fleisch- und Wurst-
reste, z. B. Kasseler,
Hähnchenbrust, Wiener
Würstchen, Cabanossi
100 g Tomatenmark
1 El Paprikapulver
1,5 l Fleischbrühe
Salz
Pfeffer
1 El Kapern
1 Bund Dill
4 Scheiben einer
unbehandelten Zitrone
200 g saure Sahne

Zubereitungszeit: ca. 15 Minuten
(plus Garzeit)
Pro Portion ca. 412 kcal/1724 kJ
14 g E, 34 g F, 9 g KH

1 Die Zwiebeln schälen und hacken, den Speck in kleine Würfel schneiden. Knoblauch schälen und ebenfalls fein hacken. Die Pilze putzen und in Scheiben schneiden.

2 Das Öl bei mittlerer Temperatur in einem Topf erhitzen. Zwiebeln und Speck hineingeben und ca. 5 Minuten dünsten, bis die Zwiebeln glasig sind. Knoblauch und Pilze zugeben und unter Rühren weitere 5–8 Minuten dünsten.

3 Die Gurken in Streifen schneiden und Wurst- und Fleischreste in mundgerechte Stücke teilen. Mit dem Tomatenmark und dem Paprikapulver in den Topf geben und unter Rühren weitere 3–5 Minuten braten. Mit der Fleischbrühe ablöschen, aufkochen und so lange köcheln, bis das Fleisch gar ist. Mit Salz und Pfeffer abschmecken und die Kapern unterrühren.

4 Dill waschen und trocken schütteln. Den Eintopf anrichten und mit einem Stück Zitrone, Dillzweigen und saurer Sahne servieren.

Borschtsch
mit Kasseler

Für 4 Portionen

100 g Rote Bete
100 g Möhren
50 g Petersilienwurzel
1 Lauchstange
250 g Weißkohl
3 Zwiebeln
4 El Olivenöl (oder Butterschmalz)
1 El Kräuteressig
2 El Tomatenmark
300 g Rindfleisch zum Kochen
300 g Kasseler
1 Lorbeerblatt
Pfeffer
2 l Fleischbrühe
250 g Joghurt
200 g saure Sahne
Salz
1/2 Bund Dill

Zubereitungszeit: ca. 30 Minuten (plus Garzeit)
Pro Portion ca. 339 kcal/1417 kJ
34 g E, 15 g F, 16 g KH

1 Die Rote Bete schälen und in Streifen schneiden. Möhren und Petersilienwurzel schälen, waschen und ebenfalls in Streifen schneiden. Den Lauch putzen, klein schneiden und waschen. Den Weißkohl vierteln, vom Strunk befreien und ebenfalls in Streifen schneiden. Die Zwiebeln schälen und in Streifen schneiden.

2 Das Olivenöl bei mittlerer Temperatur in einem Topf erhitzen und Möhren, Petersilienwurzel, Lauch, Weißkohl und Zwiebeln unter Rühren 5–10 Minuten anschwitzen. Essig und Tomatenmark unterrühren und beide Fleischsorten, Lorbeerblatt und etwas Pfeffer zugeben. Mit der Brühe ablöschen.

3 Das Ganze aufkochen und ca. 45 Minuten köcheln lassen bzw. so lange, bis das Fleisch weich ist.

4 Das Fleisch herausnehmen und in mundgerechte Stücke schneiden. Lorbeerblatt entfernen. Die Rote-Bete-Streifen mit dem ausgetretenen Saft in die Suppe rühren.

5 Den Eintopf mit Joghurt und saurer Sahne binden. Mit Salz und Pfeffer abschmecken. Dill abspülen, Spitzen von den Stielen zupfen und grob hacken. Fleischstücke wieder in der Suppe erhitzen und den Dill unterrühren.

Chorizo-Eintopf
mit Kartoffeln

Für 4 Portionen

je 1 rote, grüne und gelbe
Paprikaschote
2–3 Knoblauchzehen
4 Zwiebeln
1 kg Kartoffeln
250 g Chorizo-Wurst
3 El Olivenöl
1 Safranbriefchen
1 Lorbeerblatt
750 ml Gemüsebrühe
Salz
Pfeffer

Zubereitungszeit: ca. 15 Minuten
(plus Garzeit)
Pro Portion ca. 580 kcal/2424 kJ
20 g E, 31 g F, 45 g KH

1 Die Paprikaschoten halbieren und entkernen. Die weißen Trennwände entfernen, Paprika waschen und in Streifen schneiden. Den Knoblauch schälen und sehr fein hacken. Die Zwiebeln schälen und in Spalten teilen. Kartoffeln schälen, waschen und in mundgerechte Würfel schneiden. Von der Chorizo die Haut abziehen und die Wurst in Scheiben schneiden.

2 Das Olivenöl bei mittlerer Temperatur in einem Topf erhitzen. Die Paprikastreifen hinzugeben, unter Rühren 5 Minuten anbraten und wieder aus dem Topf nehmen. Zwiebeln und Chorizo in den Topf geben und 3 Minuten braten, dann den Knoblauch hinzufügen und 1–2 Minuten mitbraten. Kartoffeln, Safran und Lorbeer zugeben und mit der Brühe ablöschen.

3 Das Ganze aufkochen und zugedeckt bei mittlerer Hitze ca. 20 Minuten köcheln. Die Paprika wieder hinzugeben und weitere 5 Minuten köcheln. Den Eintopf mit Salz und Pfeffer abschmecken.

Sauerkrauteintopf
mit Cabanossi

Für 4 Portionen

100 g durchwachsener Speck
1 Knoblauchzehe
2 Zwiebeln
2 rote Paprikaschoten
1 große Dose Sauerkraut
1 Tl getrockneter Majoran
1 Tl Kümmel
1 Tl Paprikapulver
800 ml Fleischbrühe
300 g Cabanossi
Salz
Pfeffer
2 Tl Zucker

Zubereitungszeit: ca. 15 Minuten
(plus Garzeit)
Pro Portion ca. 532 kcal/2224 kJ
17 g E, 44 g F, 20 g KH

1 Den Speck in Würfel schneiden. Knoblauch und Zwiebeln schälen, die Zwiebeln halbieren und in dünne Scheiben schneiden. Den Knoblauch durch die Presse drücken. Die Paprikaschoten vierteln und putzen. Paprika waschen und in 2 cm große Stücke schneiden. Das Sauerkraut in ein Sieb geben, mit kaltem Wasser abspülen und abtropfen lassen.

2 Den Speck in einen Topf geben und bei mittlerer Temperatur unter Rühren 3–4 Minuten braten. Paprikaschoten, Zwiebeln und Knoblauch zugeben. Unter Rühren weitere 4 Minuten braten. Sauerkraut, Majoran, Kümmel, Paprikapulver und Brühe zugeben, zugedeckt aufkochen und 15 Minuten sanft köcheln lassen.

3 Die Cabanossi längs halbieren und schräg in 1/2 cm dicke Scheiben schneiden. 5 Minuten vor Ende der Garzeit zum Sauerkraut geben und zusammen fertig garen. Den Eintopf mit Salz, Pfeffer und Zucker würzen und servieren. Dazu passt Roggenbaguette.

Süßkartoffel-Eintopf
mit Paprikasauce

Für 4 Portionen

Für den Eintopf

250 g Mais (aus der Dose)
250 g weiße Bohnen
(aus der Dose)
500 g Kalbshaxe
500 g Rindfleisch (Bug)
300 g Kürbis
350 Süßkartoffeln
250 g Weißkohl
150 g Chorizo
2 El Sahne

Für die Paprikasauce

1/2 Zwiebel
1 rote Paprika
50 g Schweineschmalz
1 Msp. Paprikapulver
1 Msp. Knoblauchpulver
75 ml Gemüsebrühe

Zubereitungszeit: ca. 25 Minuten
(plus Garzeit)
Pro Portion ca. 1008 kcal/4215 kJ
80 g E, 45 g F, 86 g KH

1 Für den Eintopf Mais und Bohnen in ein Sieb geben, mit kaltem Wasser abspülen und abtropfen lassen. Die Kalbshaxe unter fließend kaltem Wasser abspülen und mit Küchenpapier trocken tupfen. Kalbshaxe ca. 5 Minuten in kochendem Salzwasser blanchieren, herausnehmen und das Fleisch in Würfel schneiden. Das Rindfleisch ebenfalls würfeln.

2 Das Fleisch in einen Topf legen und gut mit Wasser bedecken. Aufkochen und mit geschlossenem Deckel bei schwacher Hitze ca. 40 Minuten köcheln lassen. Schaum abschöpfen.

3 Den Kürbis und die Süßkartoffeln schälen und in mundgerechte Würfel schneiden. Den Weißkohl in Streifen schneiden, waschen und im Sieb abtropfen lassen. Die Chorizo in Scheiben schneiden.

4 Kürbis, Süßkartoffeln, Weißkohl und Chorizo mit in den Topf geben und den Eintopf weitere 30 Minuten köcheln lassen. Dann Mais und Bohnen zugeben und die Sahne unterrühren.

5 Für die Paprikasauce Zwiebel schälen und fein hacken. Die Paprika putzen, waschen und würfeln. Paprika und Zwiebel im Schweineschmalz unter Rühren 5 Minuten dünsten. Die Gewürze in der Brühe auflösen und dazugeben. Den Eintopf anrichten und mit der Sauce beträufeln.

Spaghetti aglio olio
mit Chilischote

Für 4 Portionen

400 g Spaghetti
1/2 Chilischote
60 ml extra natives Olivenöl
4 Knoblauchzehen
1 getrocknete Chilischote
1 Bund Petersilie
Salz
Pfeffer

Zubereitungszeit: ca. 15 Minuten
(plus Kochzeit)
Pro Portion ca. 493 kcal/2070 kJ
13 g E, 18 g F, 70 g KH

1 Die Spaghetti nach Packungsanweisung bissfest garen. Die Chilischote waschen, entkernen und hacken.

2 Olivenöl in einem Topf erhitzen und die gehackte Peperoni 2 Minuten darin dünsten. Knoblauchzehen schälen, hacken und 1 Minute mitbraten. Die getrocknete Chilischote dazubröseln.

3 Spaghetti in einem Sieb abtropfen lassen. Die Petersilie waschen, trocken schütteln, hacken, unter die Peperoni-Knoblauch-Mischung rühren und mit Salz und Pfeffer würzen. Die Spaghetti in einem Topf mit dieser Mischung vermengen und sofort servieren.

Klassische Lasagne
mit Rotwein

Für 4 Portionen

100 g durchwachsener Speck

1 El Olivenöl

1 Zwiebel

2 Knoblauchzehen

350 g gemischtes Hack-
fleisch

Salz

Pfeffer

Paprikapulver

150 ml Rotwein

500 g geschälte Tomaten
(FP)

2 El Butter

2 El Mehl

500 ml Milch

Muskat

500 g Lasagneblätter ohne
Kochen

100 g frisch geriebener
Parmesan

Fett für die Form

Zubereitungszeit: ca. 30 Minuten
Pro Portion ca. 1125 kcal/4725 kJ
45 g E, 64 g F, 91 g KH

1 Den Speck in feine Würfel schneiden. Das Öl erhitzen und die Speckwürfel darin auslassen. Die
Zwiebel und die Knoblauchzehen schälen, fein hacken, zugeben und mitbraten.

2 Das Hackfleisch hinzufügen und unter Rühren
krümelig braten. Mit Salz, Pfeffer und Paprikapulver abschmecken, den Rotwein angießen. Die geschälten Tomaten mit der Flüssigkeit zugeben und
das Ganze 10–15 Minuten schmoren.

3 Aus der zerlassenen Butter und dem Mehl eine
Mehlschwitze herstellen und mit der Milch ablöschen. Unter Rühren aufkochen und mit Salz, Pfeffer und Muskat würzen. Vom Herd nehmen, Ofen auf
180 °C (Umluft 160 °C) vorheizen.

4 Etwas von der Béchamelsauce in eine gefettete
Auflaufform gießen. Dann im Wechsel Lasagneblätter, Hackfleischsauce und Béchamelsauce einfüllen, bis alles aufgebraucht ist.

5 Den geriebenen Käse darüberstreuen und abgedeckt im Ofen etwa 20 Minuten backen. Lasa-
gne im Ofen noch 10 Minuten offen garen, dann mit
Salat servieren.

Polenta al forno
mit Fontina

Für 4 Portionen

10 g getrocknete Steinpilze
300 g Maisgrieß (Polenta)
Salz
400 g Tomaten
1 El Butter
75 g Bauchspeckwürfel
1 Zwiebel
2 Möhren
1 Stange Staudensellerie
1 Bratwurst
200 g Rinderhack
50 ml Rotwein
100 g Fontina
50 g Parmesan
3 El Butterflöckchen
Fett für die Form

Zubereitungszeit: ca. 40 Minuten
(plus Zeit zum Quellen, Kochen
und Überbacken)
Pro Portion ca. 1067 kcal/4481 kJ
37 g E, 73 g F, 63 g KH

1 Die Steinpilze in Wasser einweichen, abtropfen lassen und klein schneiden. Den Maisgrieß in 1 l kochendem Salzwasser bei geringer Temperatur etwa 20 Minuten quellen lassen. Auf ein Holzbrett streichen und abkühlen lassen.

2 Die Tomaten am Stielansatz kreuzweise einritzen, in kochendem Salzwasser blanchieren, kalt abschrecken, häuten, würfeln und entkernen. Beiseitestellen.

3 Die Butter zerlassen und den Bauchspeck darin auslassen. Die Zwiebel schälen, hacken und mit andünsten. Möhren waschen, schälen und würfeln, Staudensellerie waschen, putzen und würfeln. Beides ebenfalls 3 Minuten mitschmoren.

4 Die Bratwurst würfeln und mit dem Rinderhack und den Steinpilzen in die Pfanne geben. Die Tomaten mit dem Rotwein einrühren, würzen und etwas einkochen. Fontina in Scheiben schneiden, Parmesan reiben.

5 Den Backofen auf 200 °C (Umluft 180 °C) vorheizen, eine Auflaufform fetten. Polenta in etwa 5 cm breite Streifen schneiden. Dann abwechselnd mit der Fleischmasse und Fontina hineinschichten. Die Butterflöckchen darübergeben und mit dem Parmesan bestreuen. Im Ofen etwa 35 Minuten fertig backen.

Makkaroni
in Gorgonzolasauce

Für 4 Portionen

150 g Gorgonzola

250 ml Sahne

Salz

Pfeffer

Zucker

150 g Parmaschinken in Scheiben

400 g Makkaroni

1 Bund Petersilie

Zubereitungszeit: ca. 25 Minuten
Pro Portion ca. 905 kcal/3801 kJ
35 g E, 46 g F, 87 g KH

1 Die Rinde des Gorgonzolas entfernen, Käse würfeln und die Würfel bei schwacher Hitze unter Rühren in einem Topf schmelzen lassen.

2 Nun die Sahne einrühren, mit Salz, Pfeffer und einer kleinen Prise Zucker würzen und ca. 4 Minuten unter Rühren einkochen lassen.

3 Den Parmaschinken halbieren und in der Käsesauce erwärmen. Die Makkaroni nach Packungsanweisung in ausreichend Salzwasser garen.

4 Die Petersilie waschen, trocknen und die Blättchen fein hacken. Makkaroni abgießen, abtropfen lassen, mit der Gorgonzola-Sauce mischen und mit der Petersilie bestreut servieren.

Raclette
mit Variationen

Für 4 Portionen

Mit Frühlingszwiebeln

750 g gegarte Pellkartoffeln
1/2 Bund Frühlingszwiebeln
8 Scheiben Wacholder-
schinken
400 g Raclettekäse

Mit Ziegenkäse

100 g Zucchini
350 g Tomaten
1 kleine Knoblauchzehe
2 El Olivenöl
3–4 Thymianzweige
2 Rollen Ziegenkäse (à 150 g)

Mit Gorgonzola

100 g Serrano- oder
Parmaschinken
10 halbweiche getrocknete
Pflaumen
10 entsteinte Datteln
150 g Gorgonzola

Zubereitungszeit: ca. 30 Minuten
Pro Portion: ca. 860 kcal/3612 kJ
44 g E, 55 g F, 40 g KH

1 Für die Frühlingszwiebel-Variante Kartoffeln pellen und in Scheiben schneiden. Frühlingszwiebeln putzen, waschen, trocknen und klein schneiden. Beides in Raclette-Pfännchen geben. Schinken- und Käsescheiben quer halbieren. Erst den Schinken und dann Käse auf die Kartoffeln legen.

2 Für die Ziegenkäse-Variante Zucchini waschen, trocken tupfen, putzen und in feine Stifte schneiden. Tomaten waschen, die Stielansätze entfernen und das Fruchtfleisch grob würfeln. Knoblauch durch die Presse drücken, mit dem Olivenöl vermischen und etwas ziehen lassen. Thymian waschen, trocken schütteln, die Blättchen hacken und mit dem Knoblauchöl unter die Tomaten mischen.

3 In Raclette-Pfännchen geben, ein paar Zucchinistifte daraufstreuen, Käse in kleine Würfel schneiden und darüberstreuen.

4 Für die Gorgonzola-Variante Schinken längs halbieren und je 1 Pflaume bzw. Dattel in eine Scheibe wickeln. In Raclette-Pfännchen geben. Gorgonzola darüberbröckeln und überbacken.

Fondue Bourguignonne
mit Kresse-Sauce

Für 6 Portionen

(150–200 g Fleisch
pro Person)

Insgesamt

250–300 g Rinderfilet

250–300 g Lammfilet

250–300 g Schweinefilet

250–300 g Hühnerbrust

1 l Erdnussöl oder 1 kg
Kokosfett

Salz

Pfeffer

Für die Kresse-Zitronen-Sauce

6 El Mayonnaise

1 Spritzer Zitronensaft

2–3 El Kresse, fein gehackt

1 El gewürfelte Zitronenfilets

weißer Pfeffer

Zubereitungszeit: ca. 45 Minuten
Pro Portion: ca. 396 kcal/1663 kJ
49 g E, 19 g F, 6 g KH

1 Das Fleisch waschen, trocken tupfen, in 2 cm große Stücke schneiden und auf einem Teller anrichten. Rechaud in die Mitte des Tisches stellen, Öl bzw. Kokosfett im Fonduetopf erhitzen und die Flamme so einstellen, dass das Fett während der gesamten Zeit weitersiedet.

2 Fleisch auf eine Gabel spießen und ganz nach Geschmack mehr oder weniger lange im Öl garen. Anschließend salzen und pfeffern, in eine der bereitstehenden Saucen tauchen und genießen.

3 Als Beilagen eignen sich bunte Salate, Brot und Kartoffelstifte zum Mitgaren.

4 Für die Kresse-Zitronen-Sauce: Alle Zutaten gut mischen und mit Kresse garnieren.

Käsefondue
mit Kirschwasser

Für 4 Portionen

Weißbrot und/oder kleine
Kartoffeln

1 Knoblauchzehe

650 ml trockener Weißwein

600 g Gruyère

300 g Emmentaler

125 ml Kirschwasser

3 Tl Speisestärke

Pfeffer

Zubereitungszeit: ca. 40 Minuten
Pro Portion: ca. 1065 kcal/4473 kJ
65 g E, 68 g F, 3 g KH

1 Kartoffeln in einen Topf mit heißem Wasser geben und in ca. 20 Minuten gar kochen. Brot in
mundgerechte Würfel schneiden und in einem Korb
oder einer Schüssel bereitstellen.

2 Knoblauch schälen, halbieren und den Fonduetopf innen damit ausreiben. Den Wein auf dem
Herd langsam darin aufkochen. Beide Käsesorten
reiben. Unter Rühren nach und nach zum Wein geben und darin schmelzen lassen, dabei stetig weiter-
rühren. Immer auch am Boden des Topfes rühren,
damit der Käse unten nicht ansetzt.

3 Kirschwasser und Stärke glatt rühren und unter das Käsefondue rühren. Fonduetopf auf einen Rechaud mit kleiner Flamme stellen. Mit dem
Brot und den Kartoffeln servieren.

4 Dazu passen z. B. Cornichons, Silberzwiebeln,
Oliven, getrocknete Tomaten, Sardellen, milde,
eingelegte Chilischoten, Garnelen, Champignons,
Spargelspitzen, Maiskolben und frische Früchte.

Essen im Freien

Buttervariationen
mit Kräutern und Zitrusaromen

Für die Kräuterbutter

4 Zweige Thymian

2 Zweige Rosmarin

1 Bund Kerbel

10 Zweige Pimpernelle

5 Zweige Zitronenmelisse

1 Tl Bio-Zitronenabrieb

250 g Butter, Salz

Für die Paprikabutter

4 El Tomatenmark

2 1/2 Tl Rosenpaprika

250 g Butter

Salz, weißer Pfeffer

1 geh. Tl rote Pfefferkörner

Für die Kapernbutter

50 g Kapern, 250 g Butter

2 Tl Orangensaft, 1 Tl Senf

Salz, weißer Pfeffer

1 Tl Bio-Orangenabrieb

Für die Zitronenbutter

1 Tl Bio-Zitronenabrieb

250 g Butter

Salz, weißer Pfeffer

2 El gehackte Minzeblätter

Zubereitungszeit pro Butter:
ca. 10 Minuten

Pro Buttermischung:
ca. 1853 kcal/7753 kJ
3 g E, 280 g F, 2 g KH

1 Für die Kräuterbutter die Kräuter waschen, trocknen und die Blättchen oder Nadeln hacken. Mit Zitronenschale, weicher Butter und Salz mischen. Hält verschlossen und eingefroren 3 Monate. Passt zu Fleisch, Geflügel und Gemüse.

2 Für die Paprikabutter Tomatenmark, Paprika und weiche Butter miteinander verrühren. Mit Salz und Pfeffer abschmecken. Die zerdrückten Pfefferkörner darunterrühren. Hält verschlossen und eingefroren 3 Monate. Passt zu Rind, Schwein und Lamm.

3 Für die Kapernbutter Kapern abtropfen lassen und sehr klein hacken. Mit der weichen Butter, dem Orangensaft und dem Senf verrühren. Mit Salz und Pfeffer abschmecken. Die Orangenschale darunterrühren. Hält verschlossen und eingefroren 3 Monate. Passt zu Fleisch und Geflügel.

4 Für die Zitronenbutter die Zitronenschale unter die weiche Butter kneten. Mit etwas Salz und Pfeffer abschmecken. Die Minze darunterrühren. Hält verschlossen und eingefroren 3 Monate. Passt zu Fisch, Meeresfrüchten, Kalb und Huhn.

Paprikasalat
mit Oliven-Grissini

Für 4 Portionen

je 2 rote, grüne und gelbe
Paprikaschoten
6 El Olivenöl
3 Knoblauchzehen
2 El gehackte Oreganoblätter
150 g Schafskäse
Saft von 1 Limette
Salz
Pfeffer

Für die Grissini

150 g TK-Blätterteig
50 g grüne Oliven, ohne Stein
1 Eigelb
1 El gehackte Walnusskerne

Zubereitungszeit: ca. 40 Minuten
(plus Zeit zum Ziehen und Grillen)
Pro Portion ca. 423 kcal/1769 kJ
13 g E, 28 g F, 27 g KH

1 Die Paprikaschoten halbieren, putzen, waschen und trocken tupfen. Paprika in mundgerechte Stücke schneiden. Das Olivenöl portionsweise in einer Pfanne erhitzen und die Paprika bei mittlerer Hitze darin nach und nach anbraten. Herausnehmen und sofort in eine Servierschüssel geben.

2 Die Knoblauchzehen schälen und in sehr dünne Scheiben schneiden. Anschließend im verbliebenen Öl anbraten und mit dem Oregano zu den Paprikastücken geben. Schafskäse in kleine Würfel schneiden und ebenfalls dazugeben. Den Salat mit Limettensaft beträufeln und mit Salz und Pfeffer würzen. 1 Stunde abgedeckt im Kühlschrank durchziehen lassen.

3 Für die Grissini den Blätterteig antauen lassen, anschließend auf einer mit Mehl bestäubten Arbeitsfläche zu einem dünnen Rechteck ausrollen. Die Oliven sehr fein hacken. Den Backofen auf 180 °C vorheizen.

4 Das Eigelb verquirlen und den Teig damit bestreichen. Zur Hälfte mit Oliven und Walnüssen bestreuen, dann die andere Teighälfte darüberschlagen. Die beiden Lagen fest zusammendrücken und mit dem restlichen Eigelb bestreichen. Die Teigplatte in 20 etwa 1 cm breite Streifen schneiden. Die Grissini auf einen mit Alufolie belegten Grillrost legen und ca. 10 Minuten knusprig goldbraun backen.

Couscoussalat
mit Chili-Dressing

Für 4 Portionen

200 g Couscous
2 Knoblauchzehen
2 Zwiebeln
je 1 rote, grüne und gelbe
Paprikaschote
1 Salatgurke
4 Tomaten
250 g Champignons
1 Bund Dill

Für das Dressing

Saft von 1 Zitrone
3 El Rapsöl
Salz
Pfeffer
1/2 Tl gemahlenes
Chilipulver
1 El Schnittlauchröllchen

Zubereitungszeit: ca. 40 Minuten
(plus Zeit zum Ziehen)
Pro Portion ca. 267 kcal/1119 kJ
12 g E, 3 g F, 55 g KH

1 Couscous nach Packungsanleitung zubereiten und erkalten lassen. Während des Abkühlens hin und wieder mit einer Gabel auflockern.

2 Knoblauch und Zwiebeln schälen, den Knoblauch durch eine Presse drücken, die Zwiebeln fein hacken. Die Paprikaschoten halbieren, putzen, waschen, trocknen und in kleine Würfel schneiden. Die Salatgurke gründlich waschen, trocken tupfen und die Enden abschneiden. Die Gurke längs halbieren, entkernen und in feine Scheiben schneiden.

3 Die Tomaten kreuzweise einritzen, kurz in kochendes Wasser legen, dann kalt abschrecken. Anschließend die Haut abziehen und die Stielansätze entfernen. Die Tomaten entkernen, das Fruchtfleisch in kleine Stücke schneiden. Champignons putzen, feucht abreiben und je nach Größe halbieren und vierteln. Dill waschen, trocken schütteln, die Spitzen von den Stielen zupfen und fein hacken.

4 Den abgekühlten Couscous mit Knoblauch, Zwiebeln, Paprika, Gurke, Tomaten, Champignons und Dill in einer Salatschüssel gut vermengen.

5 Für das Dressing Zitronensaft und Öl verrühren, mit Salz, Pfeffer und Chilipulver mischen. Schnittlauch unterrühren, die Sauce mit den Salatzutaten vermengen und 1 Stunde durchziehen lassen.

Nudelsalat
mit Pesto

Für 4 Portionen
Für den Salat

400 g Spiralnudeln
Salz
1 rote Paprikaschote
100 g Kirschtomaten
1 kleine Zwiebel
1 Knoblauchzehe
2 El Rapsöl
1 El gemahlene Mandeln
150 g Mozzarella

Für das Pesto

1 Bund Rucola (ca. 100 g)
6 El Olivenöl
2 El Zitronensaft
Salz
Pfeffer
1 El abgeriebene
unbehandelte Zitronenschale

Zubereitungszeit: ca. 30 Minuten
(plus Zeit zum Garen)
Pro Portion ca. 352 kcal/1474 kJ
14 g E, 18 g F, 31 g KH

1 Die Spiralnudeln nach Packungsanleitung in ausreichend kochendem Salzwasser bissfest garen, in ein Sieb abgießen und ca. 1 Tasse von der Kochflüssigkeit aufbewahren. Die Nudeln abschrecken und abtropfen lassen.

2 Die Paprikaschote halbieren, putzen und waschen. Paprika in kleine Würfel schneiden. Die Tomaten waschen, trocken tupfen und je nach Größe halbieren oder vierteln. Zwiebel und Knoblauch schälen und fein würfeln.

3 Das Rapsöl in einer Pfanne erhitzen und Paprika, Zwiebel und Knoblauch darin einige Minuten andünsten. Die gemahlenen Mandeln dazugeben und ca. 2 Minuten mitbraten. Zum Schluss die Tomaten dazugeben und die Pfanne vom Herd nehmen. Die Mischung abkühlen lassen. Den Mozzarella würfeln und dazugeben.

4 Nudeln und Gemüse-Mischung vorsichtig in einer Salatschüssel mischen.

5 Für das Pesto Rucola gründlich putzen, waschen und trocken schütteln. Zwei Drittel davon grob zerschneiden und mit dem aufbewahrten Nudelwasser, Olivenöl und Zitronensaft in ein hohes Gefäß geben. Fein pürieren, kräftig salzen und pfeffern, Zitronenschale unterheben und alles mit dem restlichen Rucola unter die Nudeln mischen.

Hähnchen-Hot-Dogs
mit Pesto

Für 4 Portionen

Für das Pesto

1 Knoblauchzehe

1 El Pinienkerne

1 kleine, rote Chilischote

100 g getrocknete Tomaten in Öl

25 g geriebener Parmesan

50 ml Olivenöl

1 El gehackter Dill

Salz

Ausserdem:

2 Zwiebeln

3 El Rapsöl

1 Salatgurke

1 El gehackter Dill

1 Tl Zitronensaft

1 Tl Zucker

Salz

Pfeffer

4 Hähnchenbrustfilets

4 Hot-Dog-Brötchen

2 Strauchtomaten

Zubereitungszeit: ca. 50 Minuten (plus Zeit zum Grillen)
Pro Portion ca. 446 kcal/1866 kJ
32 g E, 23 g F, 19 g KH

1 Für das Pesto Knoblauch schälen. Pinienkerne in einer Pfanne ohne Fett goldbraun rösten, dann erkalten lassen. Chili putzen, waschen und grob hacken. Tomaten abtropfen lassen. Knoblauch, Pinienkerne, Chili und Tomaten mit Parmesan und Olivenöl nicht zu fein pürieren. Dill unter das Pesto rühren. Mit Salz abschmecken.

2 Für die Hot Dogs die Zwiebeln schälen und fein würfeln. In 1 El Rapsöl leicht bräunen. Vom Herd nehmen und erkalten lassen.

3 Gurke putzen und schälen. Mit einem Sparschäler in lange dünne Scheiben schneiden. Dill mit Zitronensaft, Zucker und 1 El Rapsöl verrühren. Mit den Gurkenscheiben vermengen und mit Salz und Pfeffer abschmecken.

4 Hähnchenbrust waschen, trocken tupfen und längs in 3–4 Streifen schneiden. Dann salzen, mit dem restlichen Öl bestreichen und auf dem heißen Grillrost 5 Minuten grillen, dabei mehrmals wenden. Die Hot-Dog-Brötchen aufschneiden und von jeder Seite 1 Minute grillen.

5 Tomaten waschen, putzen und in Scheiben schneiden. Auf die unteren Brötchenhälften legen. Das Pesto darauf verteilen und die gegrillten Fleischstreifen darüberlegen. Mit den Gurkenscheiben und Zwiebeln belegen. Obere Brötchenhälfte darauflegen.

Essen im Freien

Datteln und Pflaumen
im Speckmantel

Für 4 Portionen

8 lange Holzspieße
16 getrocknete Pflaumen
16 getrocknete Datteln
70 g Ziegenfrischkäse
16 dünne Scheiben
Frühstücksspeck
Pfeffer

Zubereitungszeit: ca. 20 Minuten
(plus Zeit zum Grillen)
Pro Portion ca. 249 kcal/1041 kJ
5 g E, 12 g F, 30 g KH

1 Die Holzspieße in kaltes Wasser legen und ca. 20 Minuten wässern. Die Pflaumen sind in der Regel bereits entsteint, die Datteln mit einem glatten Schnitt aufschneiden und den Stein entfernen.

2 Die Früchte mit dem Ziegenfrischkäse füllen und wieder zusammenklappen. Den Frühstücksspeck auf einer Arbeitsplatte flach ausbreiten, halbieren und jede Dattel und Pflaume mit einer halben Scheibe Speck umwickeln.

3 Immer 4 Früchte auf je einen Holzspieß stecken. Indirekt bei mittlerer Hitze von jeder Seite ca. 10 Minuten grillen. Der Frühstücksspeck sollte dann knusprig sein, das Fett sollte sich aufgelöst haben. Herausnehmen, mit grob gemahlenem Pfeffer bestreuen und sofort servieren.

Kreolische Würste
mit Mango-Relish

Für 4 Portionen

4 lange, dünne Schweine-
schnitzel (à ca. 200 g)

2 Knoblauchzehen

8 El Rapsöl

Saft von 1 Limette

1/2 Tl Salz

je 1 Msp. Cayennepfeffer,
geriebene Muskatnuss,
gemahlene Nelken, Kreuz-
kümmel und Zimt

1 El gehackter Thymian

8 gewässerte Holzspieße

Für das Relish

1 reife Mango

2 rote Chilischoten

2 cm Ingwer

2 Zweige Minze

2 El Limettensaft

Salz, Pfeffer, Honig

Zubereitungszeit: ca. 30 Minuten
(plus Zeit zum Marinieren und
Grillen)
Pro Portion ca. 554 kcal/2318 kJ
35 g E, 34 g F, 51 g KH

1 Die Schweineschnitzel waschen, trocken tupfen und längs halbieren. In einen Gefrierbeutel legen. Für die Marinade den Knoblauch schälen und fein hacken. Mit den restlichen Zutaten vermengen und die Marinade in den Gefrierbeutel geben. Die Marinade in die Schnitzel einmassieren, den Beutel fest verschließen und die Schnitzel im Kühlschrank mindestens 3 Stunden marinieren.

2 Für das Relish die Mango schälen, das Frucht-fleisch vom Kern lösen und klein schneiden. Die Chilischoten längs halbieren, putzen, waschen und grob hacken. Ingwer schälen und hacken, Minze waschen, trocken tupfen und die Blättchen abzupfen. Alles zusammen mit dem Limettensaft im Mixer pürieren. Mit Salz, Pfeffer und Honig abschmecken.

3 Die Schnitzel aus der Marinade nehmen und abtropfen lassen. Der Länge nach um die Spieße wickeln. Den Grillrost leicht ölen. Die Spieße auf den heißen Rost legen, mit etwas Marinade bestreichen und bei mittlerer Hitze 10–12 Minuten grillen. Dabei häufiger wenden. Sofort mit dem Relish servieren.

Salbei-Medaillons
mit Chutney

Für 4 Portionen

ca. 800 g Schweinefilet
Pfeffer
36 frische Salbeiblätter
12 Scheiben durchwachsener, geräucherter Speck
16 gefüllte grüne Oliven
4 El Olivenöl

Für das Rhabarber-Chutney

1 Stange Rhabarber
1/2 Tl abgeriebene Schale von 1 unbehandelten Zitrone
2 cm Ingwer
45 g brauner Zucker
20 ml Weißweinessig
1 Prise Zimt
20 g Rosinen
Salz

Zubereitungszeit: ca. 30 Minuten
(plus Zeit zum Kochen und Grillen)
Pro Portion ca. 862 kcal/3603 kJ
54 g E, 68 g F, 20 g KH

1 Für das Chutney den Rhabarber waschen, trocken reiben, putzen und in kleine Stücke schneiden. Mit der Zitronenschale in einen Topf geben. Den Ingwer schälen, sehr fein hacken und mit allen anderen Zutaten für das Chutney bis auf Rosinen und Salz ebenfalls in den Topf geben. Unter Rühren aufkochen und ca. 15 Minuten sanft köcheln lassen.

2 Rosinen und etwas Salz dazugeben, weitere 4 Minuten köcheln lassen, dann in eine Schale oder ein Glas füllen und abkühlen lassen.

3 Für die Spieße das Schweinefilet enthäuten, kalt abspülen und trocken tupfen. Das Filet in 12 ca. 2 cm dicke Scheiben schneiden und pfeffern.

4 Salbeiblätter waschen und trocken tupfen. Auf jedes Medaillon 3 Salbeiblätter legen. Anschließend jeweils eine Scheibe Speck um die Medaillons wickeln. Abwechselnd je 4 Oliven und 3 Medaillons auf Spieße stecken.

5 Die Spieße mit Öl bestreichen, auf den heißen Grillrost legen und ca. 15 Minuten grillen. Dabei einmal wenden. Mit dem Rhabarber-Chutney servieren.

Schwertfisch
mit Ingwer-Dressing

Für 4 Portionen

4 Schwertfischsteaks
(à 150–200 g)
1 Eiweiß
1 rote Chilischote
180 g Sesamsamen

Für das Ingwer-Dressing

1/2 Bund Frühlingszwiebeln
100 g frischer Ingwer
150 ml helle Sojasauce
1 El Sesamöl

Zubereitungszeit: ca. 25 Minuten
(plus Zeit zum Grillen)
Pro Portion ca. 589 kcal/2465 kJ
53 g E, 30 g F, 22 g KH

1 Für das Dressing die Frühlingszwiebeln putzen, waschen und fein hacken. Ingwer schälen und ebenfalls fein hacken. Frühlingszwiebeln und Ingwer in eine Schüssel geben und mit Sojasauce und Sesamöl verrühren.

2 Die Schwertfischsteaks mit kaltem Wasser abspülen und trocken tupfen. Das Eiweiß in einer Schüssel schaumig aufschlagen. Die Chilischote halbieren, putzen, waschen und sehr fein hacken.

3 Sesamsamen und Chili auf einem großen Teller mischen. Den Fisch zuerst durch das Eiweiß ziehen und dann in der Sesam-Chili-Mischung wälzen, bis er von allen Seiten gut bedeckt ist.

4 Die Schwertfischsteaks auf den eingeölten Grillrost legen und von jeder Seite ca. 5 Minuten grillen. Zwischendurch mit dem Dressing beträufeln. Dazu schmecken sehr gut Hülsenfrüchte, z. B. ein Linsensalat.

Seebarsch
mit Salsa fresca

Für 4 Portionen

4 Seebarschfilets
2 El Rapsöl
Salz
Pfeffer

Für die Salsa fresca

3 große Fleischtomaten
1 Schalotte
2 Knoblauchzehen
1 rote Chilischote
Saft von 1 Zitrone
2 El Olivenöl
Salz
Pfeffer
3 El frisch gehackter
Koriander

Zubereitungszeit: ca. 20 Minuten
(plus Zeit zum Ziehen und Grillen)
Pro Portion ca.185 kcal/776 kJ
29 g E, 6 g F, 3 g KH

1 Für die Salsa die Tomaten kurz in kochendes Wasser tauchen, von Haut, Stielansatz und Kernen befreien und das Fruchtfleisch fein hacken.

2 Schalotte und Knoblauchzehen schälen und hacken. Die Chilischote halbieren, putzen, waschen und fein hacken. Die Zutaten mit Zitronensaft, 2 El Olivenöl, Salz, Pfeffer und dem Koriander gut verrühren und etwa 20 Minuten ziehen lassen.

3 Die Fischfilets waschen, trocken tupfen und mit dem Rapsöl einstreichen. Mit Salz und Pfeffer würzen. Auf dem heißen Grill von jeder Seite etwa 4 Minuten grillen. Die Filets vom Grill nehmen und mit der Salsa fresca garniert auf Tellern anrichten.

Seeteufel-Spieße
mit Feigen

Für 4 Portionen

12 Seeteufelmedaillons
(vom Fischhändler
zuschneiden lassen)
1 Schalotte
1 Knoblauchzehe
1 Chilischote
3 El Sesamöl
3 El Sojasauce
Pfeffer
4 große frische Feigen
50 g Ziegenkäse
16 Scheiben Prosciutto

Zubereitungszeit: ca. 30 Minuten
(plus Zeit zum Marinieren und
Grillen)
Pro Portion ca. 311 kcal/1307 kJ
30 g E, 16 g F, 7 g KH

1 Die Seeteufelmedaillons waschen, trocken tupfen und in einen Gefrierbeutel geben. Für die Marinade Schalotte und Knoblauchzehe schälen und fein hacken. Chilischote halbieren, putzen, waschen und fein hacken.

2 Sesamöl, Sojasauce, Schalotte, Knoblauch und Chilischote in einer Schale zu einer Marinade verrühren und über die Seeteufelmedaillons gießen. Die Gefrierbeutel gut verschließen und die Medaillons darin 2–3 Stunden im Kühlschrank marinieren.

3 Die Seeteufelmedaillons mit Pfeffer bestreuen. Die Feigen waschen, trocknen und mit einem scharfen Messer vierteln. Den Käse in Würfel schneiden und jeweils ein Stückchen in ein Feigenviertel drücken. Feigenviertel jeweils in eine Scheibe Prosciutto wickeln.

4 Jeweils 3 Medaillons und vier Feigen-Speck-Viertel auf Spieße stecken und auf einen heißen, geölten Grillrost legen. Von beiden Seiten ca. 4 Minuten direkt grillen.

Surf & Turf
mit Kalb und Jakobsmuscheln

Für 4 Portionen

4 Kalbsteaks aus der Keule
(à 100 g)

16 küchenfertige Garnelen

16 küchenfertige Jakobs-
muscheln

2 unbehandelte Limetten

8 Salbeiblätter

2 Knoblauchzehen

Pfeffer

50 ml Olivenöl

je 4 milde grüne und rote
Peperoni

Salz

Rapsöl zum Bestreichen

Limettenspalten zum
Garnieren

Zubereitungszeit: ca. 20 Minuten
(plus Zeit zum Marinieren und
Grillen)
Pro Portion ca. 313 kcal/1310 kJ
33 g E, 16 g F, 4 g KH

1 Die Steaks waschen und trocken tupfen. Die Garnelen entdarmen, waschen und trocken tupfen.
Jakobsmuscheln ebenfalls abspülen und trocken
tupfen. Garnelen und Jakobsmuscheln bis zur weiteren Verwendung kühl stellen.

2 Die Limetten waschen, trocknen und die Schale
fein abreiben. Die Früchte auspressen. Salbei
waschen und trocken tupfen. Knoblauchzehen unge-
schält halbieren.

3 Die Steaks in einen Gefrierbeutel geben. Limet-
tenabrieb, Salbei, Knoblauch, etwas Pfeffer und
das Olivenöl dazugeben. Leicht einmassieren und
2 Stunden marinieren. Herausnehmen und trocken
tupfen.

4 Je 4 Garnelen und Jakobsmuscheln auf einen
Spieß stecken und mit der Hälfte des Limetten-
saftes beträufeln. Peperoni längs halbieren und entkernen, waschen und trocken tupfen.

5 Steaks und Peperoni mit etwas Rapsöl bestreichen und auf den heißen Grill legen. 5 Minuten
grillen, dann wenden und weitere 5 Minuten grillen.
Mit Salz und Pfeffer würzen und mit etwas Limettensaft beträufeln. Garnelen-Muschel-Spieße auf den
heißen Grill legen und von jeder Seite 2 Minuten
grillen.

6 Kalbsteaks, Spieße und Peperoni auf Tellern anrichten und mit Limettenspalten garnieren.

Sesam-Serrano-Burger
mit Aioli

Für 4 Portionen

1 kg Rinderhack

1 Bund glatte Petersilie, frisch gehackt

2 Knoblauchzehen, fein gehackt

1 El Senf

Salz

Pfeffer

1 Tl Paprikapulver

2 El Rapsöl

Für die Aioli

2 Knoblauchzehen, gehackt

1 rote Chilischote, gehackt

75 g Mayonnaise

2 Tl Paprikapulver

Meersalz

Außerdem

2 Fleischtomaten

8 Sesamburger

8 Scheiben Serranoschinken

8 Scheiben Fontina

Zubereitungszeit: ca. 20 Minuten
(plus Zeit zum Grillen)
Pro Portion ca. 953 kcal/3985 kJ
67 g E, 60 g F, 29 g KH

1. Hackfleisch mit Petersilie, Knoblauch, Senf, Salz, Pfeffer und Paprikapulver vermengen. Mit feuchten Händen 8 dünne Fladen formen. Mit etwas Rapsöl bestreichen und auf dem heißen Grill jede Seite 5 Minuten grillen. Den Serranoschinken kurz grillen, bis er knusprig ist.

2. Für die Aioli Knoblauch und Chilischote mit der Mayonnaise verrühren und mit Paprikapulver und Salz abschmecken. Die Fleischtomaten waschen, putzen und in Scheiben schneiden.

3. Die Brötchen aufschneiden, beide Hälften mit Aioli bestreichen. 1/2 Scheibe Schinken und Käse darauflegen, den Burger daraufsetzen und mit je 1/2 weiterer Scheibe Schinken und Käse belegen. 3 Minuten indirekt grillen, bis der Käse verläuft. Mit Tomatenscheiben belegen, salzen, pfeffern und die zweite Brötchenhälfte fest andrücken.

Filet-Rouladen
am Stiel

Für 4 Portionen

600 g Rinderfilet

2 El mittelscharfer Senf

1 Tl Sardellenpaste

1 Zwiebel

8 dünne Scheiben Früh-
stücksspeck

je 1 Zweig Rosmarin,
Thymian, Oregano, Majoran,
Bohnenkraut und Salbei
(ersatzweise 2 Tl getrocknete
Kräuter der Provence)

Salz

Pfeffer

Paprikapulver

Rapsöl zum Bestreichen

8 lange, in Wasser einge-
weichte Holzspieße

Zubereitungszeit: ca. 20 Minuten
(plus Zeit zum Grillen)
Pro Portion ca. 492 kcal/2057 kJ
42 g E, 30 g F, 3 g KH

1 Das Rinderfilet waschen, trocken tupfen und längs in 8 dünne Scheiben schneiden. Auf einer Arbeitsfläche ausbreiten und flach klopfen. Senf und Sardellenpaste in eine kleine Schüssel geben und gut verrühren. Die Zwiebel schälen und sehr fein hacken oder reiben. Zwiebel in die Senf-Sardellenpaste rühren.

2 Die Rinderrouladen mit der fertigen Paste bestreichen, dann jeweils 2 Scheiben Frühstücksspeck darauflegen. Die Kräuter waschen, trocken tupfen, Blätter bzw. Nadeln fein hacken. Die Rouladen mit Salz, Pfeffer, Paprikapulver und Kräutern bestreuen.

3 Je 1 Roulade fest um einen langen, gewässerten Holzspieß wickeln und mit Zahnstochern feststecken. Mit Rapsöl bestreichen. Unter Wenden ca. 15 Minuten grillen. Dazu schmecken gegrillte Champignons und Rouille.

Rinderfiletsteaks
mit Wasabi

Für 4 Portionen

4 dicke Filetsteaks
vom Rind (à ca. 180 g)
2 Knoblauchzehen
4 cm frischer Ingwer
2 El Sojasauce
2 El Erdnussöl

Für die Dips

250 g weißer Rettich
4 El Reisessig
5 El Zitronensaft
2 Tl abgeriebene Schale von
1 unbehandelten Zitrone
1 rote Chilischote
Salz
Zucker
2 Tl Wasabipulver
200 g Crème fraîche
50 ml Sojasauce

Zubereitungszeit: ca. 25 Minuten
(plus Zeit zum Marinieren und
Grillen)
Pro Portion ca. 671 kcal/2804 kJ
63 g E, 44 g F, 11 g KH

1 Die Steaks abspülen und trocken tupfen. Knoblauch und Ingwer schälen und sehr fein hacken. Mit der Sojasauce und dem Erdnussöl verrühren. Die Steaks kräftig damit einreiben und in einem Gefrierbeutel im Kühlschrank mindestens 3 Stunden marinieren.

2 Für den Rettichdip den weißen Rettich schälen und sehr fein reiben. Mit dem Reisessig, 4 El Zitronensaft und dem Zitronenabrieb verrühren. Die Chilischote längs halbieren, die Kerne entfernen. Waschen, trocken tupfen und in sehr feine Streifen schneiden. Zum Rettich geben und alles mit Salz und Zucker abschmecken.

3 Für den Wasabi-Dip Wasabipulver mit restlichem Zitronensaft und etwas Wasser verrühren und mit der Crème fraîche mischen. Beide Dips in kleine Schälchen geben. Ein drittes Schälchen mit Sojasauce füllen.

4 Den heißen Grillrost ölen und die Steaks von jeder Seite 2 Minuten grillen. In Scheiben schneiden und mit Sojasauce und Dips servieren.

Lammlachse
mit Schafskäse-Dip

Für 4 Portionen

2 Bund Minze
1 El grobes Meersalz
150 ml Olivenöl
4 Lammlachse

Für den Schafskäse-Dip

100 g Schafskäse
200 g Dickmilch
2 Knoblauchzehen
10 schwarze Oliven
1 Frühlingszwiebel
Salz
Pfeffer

Zubereitungszeit: ca. 30 Minuten
(plus Zeit zum Marinieren und
Grillen)
Pro Portion ca. 660 kcal/2758 kJ
44 g E, 51 g F, 4 g KH

1 Für die Marinade die Minze waschen, trocken schütteln, Blätter von den Zweigen zupfen und fein hacken. Mit dem Meersalz und dem Olivenöl verrühren. Das Fleisch waschen, trocken tupfen und in einen Gefrierbeutel legen. Die Marinade dazugießen, den Beutel fest verschließen und das Fleisch darin im Kühlschrank mindestens 12 Stunden, besser 24 Stunden marinieren.

2 Das Fleisch aus der Marinade nehmen, abtropfen lassen und mit Küchenpapier trocken tupfen. Die Lammlachse auf den heißen Grillrost legen und bei starker Hitze von jeder Seite 2 Minuten grillen. Dann das Fleisch an die Seite des Rostes legen und den Deckel des Grills schließen. Die Lammlachse indirekt weitere 4 Minuten von jeder Seite garen.

3 Für den Dip den Schafskäse mit einer Gabel zerdrücken und mit der Dickmilch vermengen. Knoblauch schälen und fein hacken. Die Oliven entsteinen und hacken. Die Frühlingszwiebel putzen, waschen, trocknen und in feine Scheiben schneiden.

4 Knoblauch, Oliven und Frühlingszwiebel unter die Schafskäse-Dickmilch-Masse rühren und mit Salz und Pfeffer würzen. Lammlachse in dicke Scheiben schneiden und mit dem Schafskäse-Dip servieren.

Lammkoteletts
mit Honigglasur

Für 4 Portionen

75 ml Aceto balsamico

3 El Honig

Salz

Pfeffer

12 Lammkoteletts

2 El Olivenöl

Zubereitungszeit: ca. 15 Minuten
(plus Zeit zum Grillen)
Pro Portion ca. 338 kcal/1417 kJ
58 g E, 10 g F, 3 g KH

1 Den Aceto balsamico mit dem Honig gut verrühren und mit Salz und Pfeffer würzen. Die Hälfte der Mischung beiseitestellen.

2 Die Lammkoteletts waschen, trocken tupfen, mit dem Olivenöl bestreichen und mit Salz und Pfeffer würzen. Auf dem heißen Grill von jeder Seite etwa 2 Minuten grillen. Mit Honigglasur bestreichen und auf jeder Seite weitere 1 Minute weitergrillen.

3 Die Koteletts vom Grill nehmen und mit der beiseitegestellten Honigmischung bestreichen. In Folie wickeln und 5 Minuten ruhen lassen.

4 Die Lammkoteletts verteilen und mit dem in der Folie verbliebenen Fleischsaft beträufeln. Dazu schmeckt Chimichurri und frisches Brot.

Gut vorzubereiten

Paprika–Ricotta–Suppe
mit Honig

Für 4 Portionen

4 rote Paprikaschoten

2 kleine Zwiebeln

2 Rosmarinzweige

1 rote Chilischote

2–3 El Olivenöl

800 ml Gemüsebrühe

250 ml Sahne

150 g Ricotta-Käse

Salz

Pfeffer

1 Tl Honig

2 El rote Paprikawürfel

Zubereitungszeit: ca. 15 Minuten
(plus Garzeit)
Pro Portion ca. 380 kcal/1590 kJ
6 g E, 33 g F, 10 g KH

1 Die Paprikaschoten putzen und waschen. Paprika in Würfel schneiden. Zwiebeln schälen und fein hacken. Rosmarin abspülen, trocken schütteln, die Nadeln abzupfen und fein hacken. Chilischote halbieren, entkernen, waschen und sehr fein würfeln.

2 Das Öl in einem Topf bei mittlerer Temperatur erhitzen. Paprika, Zwiebeln und Chili zugeben und unter Rühren ca. 8 Minuten andünsten. Mit der Brühe ablöschen, aufkochen und bei schwacher Hitze 10 Minuten köcheln lassen.

3 Sahne einrühren, den Topf vom Herd ziehen und die Suppe fein pürieren. Erneut aufkochen lassen und wieder vom Herd nehmen.

4 Ricotta und gehackte Rosmarinnadeln unterrühren und die Suppe mit Salz, Pfeffer und Honig abschmecken.

5 Suppe anrichten und mit Paprikawürfeln bestreuen.

Curry-Hühnersuppe
mit Chili-Gremolata

Für 4 Portionen

Für die Suppe

1 Stange Lauch

3–4 Kartoffeln

2–3 Knoblauchzehen

1 Stück frischer Ingwer
(ca. 2 cm)

2 Tomaten

2 El Olivenöl

2 El Currypulver

100 g Mangofruchtfleisch

1 l Hühnerbrühe

250 ml Sahne

200 ml Milch

Salz

1/2 Zitrone

200 g TK-Erbsen

Für die Gremolata

1 rote Paprikaschote

2 grüne Chilischoten

1 Bund Minze

Zubereitungszeit: ca. 25 Minuten
(plus ca. 40 Minuten Garzeit)
Pro Portion ca.663 kcal/2773 kJ
15 g E, 35 g F, 68 g KH

1 Für die Suppe Lauch putzen und waschen. Den weißen Teil in Würfel, den grünen Teil in dünne Scheiben schneiden. Kartoffeln waschen, schälen und in Stücke schneiden. Knoblauch und Ingwer schälen und fein hacken. Tomaten ca. 30 Sekunden in kochendes Wasser tauchen, kalt abschrecken und die Haut abziehen. Den Stielansatz entfernen, entkernen und Tomaten würfeln.

2 Das Öl in einem Topf bei mittlerer Temperatur erhitzen. Knoblauch, Ingwer und weiße Lauchwürfel zugeben und unter Rühren 5 Minuten dünsten. Kartoffeln und Tomaten zugeben und weitere 5 Minuten mitdünsten. Mit Curry bestäuben und weitere 2 Minuten unter Rühren dünsten.

3 Mangofruchtfleisch würfeln. Brühe und Mango zugeben und das Ganze zugedeckt 20–25 Minuten sanft köcheln lassen.

4 Sahne und Milch in die Suppe rühren und die Suppe pürieren. Ggf. weitere Hühnerbrühe zugeben, wenn die Konsistenz der Suppe zu dick ist. Mit Salz und Zitronensaft abschmecken. Lauchringe und Erbsen in die Suppe geben und diese weitere 5–10 Minuten köcheln lassen.

5 Für die Gremolata Paprika und Chilischote halbieren, putzen und waschen. Beides in feine Würfel schneiden. Minze abspülen, trocken schütteln, die Blätter fein hacken. Die Zutaten für die Gremolata mischen und mit der Suppe anrichten.

Gut vorzubereiten

Kichererbseneintopf
mit Rosinen und Aprikosen

Für 4 Portionen

250 g getrocknete
Kichererbsen

1 l Gemüse- oder Hühner-
brühe

1 Knoblauchzehe

1 Zwiebel

250 g Staudensellerie

3 Möhren

10 getrocknete Aprikosen

1 Lauchstange

3–4 El Öl

1–2 Msp. Sambal Oelek

1 Tl Garam Masala

2 Tl Currypulver

2 El Rosinen

4 El Orangensaft

150 g Joghurt

Salz

Zubereitungszeit: 15 Minuten
(plus Gar- und Einweichzeit)
Pro Portion ca. 420 kcal/1755 kJ
18 g E, 10 g F, 58 g KH

1 Kichererbsen über Nacht in kaltem Wasser einweichen. Am nächsten Tag abgießen, in einen
Topf geben und die Brühe dazugießen. Zugedeckt ca.
50 Minuten sanft köcheln lassen. Dann sollten die
Kichererbsen fast gar sein.

2 Knoblauch und Zwiebel schälen und fein hacken. Den Staudensellerie putzen, die harten
Außenfäden abziehen, die Möhren schälen. Sellerie
und Möhren waschen und in Scheiben schneiden. Die
Aprikosen in kleine Würfel schneiden. Den Lauch
putzen, längs halbieren und in Streifen schneiden.
Lauch waschen und in einem Sieb abtropfen lassen.

3 Knoblauch und Zwiebel im heißen Öl unter
Rühren 5 Minuten andünsten. Sambal Oelek,
Garam Masala und Curry zugeben und 2 Minuten
mitdünsten lassen.

4 Sellerie, Möhren und Knoblauch-Zwiebel-Mi-
schung zu den Kichererbsen geben. Das Ganze
aufkochen und ca. 15 Minuten köcheln. Dann den
Lauch in den Eintopf geben und weitere 10 Minuten
mitköcheln lassen.

5 Aprikosen, Rosinen, Orangensaft und Joghurt
unter den Eintopf rühren und einige Minuten
erhitzen, aber nicht mehr kochen. Den Eintopf mit
Salz abschmecken und anrichten.

Gut vorzubereiten

Rotkohleintopf
mit Entenbrust

Für 4 Portionen

400 g Entenbrust
Salz
Pfeffer
750 g Rotkohl
1 Zwiebel
700 ml Gemüsebrühe
700 g Steckrübe
2 Zweige Thymian
1 Apfel
gemahlener Zimt
2 El Apfelessig

Zubereitungszeit: ca. 20 Minuten
(plus Gar- und Backzeit)
Pro Portion ca. 350 kcal/1463 kJ
23 g E, 18 g F, 24 g KH

1 Entenbrust waschen, trocken tupfen und die Haut kreuzweise einritzen. Eine ofenfeste Pfanne ohne Fett erhitzen. Entenbrust erst auf der Hautseite 4–5 Minuten kräftig anbraten. Dann auf der Fleischseite 2–3 Minuten anbraten. Mit Salz und Pfeffer würzen.

2 2 Esslöffel Entenfett aus der Pfanne beiseitestellen. Die Ente im vorgeheizten Backofen bei Ober-/Unterhitze 200 °C ca. 15 Minuten garen.

3 Den Rotkohl putzen, vierteln, den Strunk herausschneiden. Den Rotkohl in Streifen schneiden. Die Zwiebel schälen und in Streifen schneiden.

4 Die 2 Esslöffel Entenfett aus der Pfanne in einem Topf erhitzen und die Zwiebel ca. 5 Minuten unter Rühren darin glasig dünsten. Rotkohl dazugeben, Brühe und 600 ml Wasser angießen. Aufkochen und 25–35 Minuten köcheln lassen. Steckrübe schälen, in Stifte schneiden und nach 20 Minuten mit in den Topf geben.

5 Thymian waschen, trocken schütteln. Blättchen von den Stielen zupfen. Apfel waschen, vierteln, das Kerngehäuse entfernen und den Apfel in dünne Spalten schneiden. Thymian und Apfel ca. 5 Minuten vor Ende der Garzeit zum Gemüse geben. Mit Salz, Pfeffer, Zimt und Essig abschmecken. Die Entenbrust aus dem Ofen nehmen, in Alufolie wickeln und ruhen lassen. Dann in mundgerechte Stücke schneiden. Eintopf mit dem Entenfleisch anrichten.

Gut vorzubereiten

Marinierte Sardinen
mit Zitronen

Für 4 Portionen

600 g Sardinen,
ausgenommen

4 Zitronen

2 El Olivenöl

Salz

Pfeffer

2 El gehackte Petersilie

Zitronenscheiben und
Dillzweige zum Garnieren

Zubereitungszeit: ca. 30 Minuten
(plus Zeit zum Marinieren)
Pro Stück ca. 263 kcal/1105 kJ
30 g E, 9 g F, 11 g KH

1 Die Sardinen waschen, schuppen, Kopf und Schwanz entfernen. Die Hauptgräte vorsichtig herauslösen, die Fischfilets mit einem scharfen Messer herausschneiden. Gut waschen und trocken tupfen.

2 Die Zitronen auspressen und den Saft über die Sardinen gießen. Filets mit Folie abdecken und mindestens 12 Stunden marinieren lassen.

3 Das Olivenöl mit etwas Salz und Pfeffer in einem Schälchen mischen und gut verrühren. Sardinenfilets aus dem Zitronensaft nehmen und auf einer Servierplatte anrichten. Mit der Ölmischung beträufeln. Mit gehackter Petersilie bestreuen und mit Zitronenscheiben und Dillzweigen garnieren. Dazu frisches Weißbrot reichen.

Meeresfrüchte
mit Staudensellerie

Für 4 Portionen

350 g Venusmuscheln

700 g Miesmuscheln

100 ml Weißwein

Saft von 1 großen Zitrone

Salz

350 g Tintenfischringe

175 g geschälte rohe Garnelen

1 Knoblauchzehe

1 Tl Senf

Pfeffer

3 El Olivenöl

1 Stange Staudensellerie

1/2 Bund Petersilie

Zubereitungszeit: ca. 45 Minuten
(plus Zeit zum Kochen und Ziehen)
Pro Portion ca. 450 kcal/1890 kJ
32 g E, 27 g F, 19 g KH

1 Beide Muschelsorten gründlich waschen, putzen und die geöffneten Exemplare entfernen. In einem großen Topf 500 ml Wasser mit dem Weißwein, 1 El Zitronensaft und etwas Salz aufkochen. Die Tintenfischringe 2 Minuten abgedeckt darin köcheln. Mit einem Schaumlöffel herausnehmen und abtropfen lassen.

2 Die Garnelen etwa 1 Minute im heißen Sud ziehen lassen, dann mit den Tintenfischen in eine Schüssel geben. Die Muscheln je 3 Minuten in dem Sud kochen, dabei gut schütteln, sodass alle Muscheln aufgehen. Muscheln abgießen, geschlossene Muscheln entfernen. Muschelfleisch aus der Schale lösen und zu den anderen Meeresfrüchten geben.

3 Knoblauchzehe schälen und hacken. Knoblauch, Senf, Salz, Pfeffer, Olivenöl und den restlichen Zitronensaft vermischen, die Meeresfrüchte damit übergießen, gut vermengen und mindestens 6 Stunden durchziehen lassen.

4 Staudensellerie waschen, putzen und in Ringe schneiden. Petersilie waschen, trocken schütteln, die Blättchen fein hacken und mit dem Sellerie unter den Salat heben.

Vitello tonnato
aus dem Weinsud

Für 4 Portionen

250 ml Weißwein

250 ml Fleischbrühe

1 El Weißweinessig

1 Möhre

je 1 Stange Staudensellerie
und Lauch

1 Knoblauchzehe

500 g Kalbsnuss

1 Lorbeerblatt

3 Pfefferkörner

Salz

100 g Thunfisch aus
der Dose

2 Sardellenfilets aus
dem Glas

125 ml Fleischkochsud

1 El Zitronensaft

75 g Mayonnaise

Salz

Pfeffer

1 El Kapern

Salatblätter, Tomatenviertel
und Schnittlauchstängel zum
Garnieren

Zubereitungszeit: ca. 35 Minuten
(plus Zeit zum Kochen und
Abkühlen)
Pro Portion ca. 303 kcal/1273 kJ
34 g E, 16 g F, 3 g KH

1 Weißwein, Fleischbrühe und Weißweinessig in einem Topf aufkochen. Möhre waschen, schälen und klein schneiden. Staudensellerie und Lauch waschen, putzen und in Ringe schneiden. Knoblauchzehe schälen und hacken. Mit Möhre, Lauch, Sellerie, der Kalbsnuss, dem Lorbeerblatt sowie Salz und Pfeffer in den Weißweinsud geben und etwa 45 Minuten mehr sieden als kochen. Im Kochsud abkühlen lassen.

2 Thunfisch abtropfen lassen, Sardellenfilets abspülen und abtropfen lassen. Den Thunfisch im Mixer mit 150 ml Kochsud pürieren, die Sardellen ganz fein hacken. Zitronensaft, Mayonnaise, Thunfischpüree und Sardellen verrühren. Mit Salz und Pfeffer abschmecken und die Kapern unterheben.

3 Das Fleisch abtropfen lassen, anschließend in dünne Scheiben schneiden und kalt mit der Thunfisch-Kapern-Sauce servieren. Mit Salatblättern, Tomatenvierteln und Schnittlauchstängeln garnieren.

Garnelen
mit Tomatensauce

Für 4 Portionen

1 Zwiebel

1 Knoblauchzehe

4 El Olivenöl

1/4 Chilischote

2 Lorbeerblätter

100 ml passierte Tomaten
aus der Dose

1 kg Garnelen, geschält und
entdarmt

200 ml Weißwein

2 El gehackte Petersilie

Zubereitungszeit: ca. 30 Minuten
(plus Zeit zum Kochen)
Pro Portion ca. 345 kcal/1449 kJ
51 g E, 9 g F, 5 g KH

1 Zwiebel und Knoblauchzehe schälen und hacken und in dem erhitzten Olivenöl andünsten. Die Chilischote hacken und mit den Lorbeerblättern und der Zwiebel mitschmoren. Die passierten Tomaten zugeben und alles etwa 10 Minuten köcheln.

2 Die Garnelen waschen, trocken tupfen, in die Sauce geben und salzen. Weißwein angießen und abgedeckt etwa 10 Minuten köcheln lassen. Mit gehackter Petersilie bestreut servieren. Dazu Weißbrot reichen.

Info: Ob Chilischote, Peperoni, Pfefferoni oder Peperoncino – immer sind die kleinen grünen oder roten Paprikaschoten gemeint. Sie können in der Schärfe sehr unterschiedlich ausfallen, milder werden sie immer, wenn die Kerne nicht mitverzehrt werden.

Sardinen
mit Pancetta

Für 4 Portionen

1 kg frische küchenfertige Sardinen

4 El Olivenöl

grobes Meersalz

Pfeffer

4 Scheiben Pancetta

3 El frisch gehackte Petersilie

Zitronenspalten zum Servieren

Zubereitungszeit: ca. 15 Minuten (plus Grillzeit)
Pro Portion ca. 550 kcal/2300 kJ
49 g E, 40 g F, 12 g KH

1 Die Sardinen waschen, gegebenenfalls schuppen und die Köpfe entfernen. Anschließend die Fische trocken tupfen. Den Backofengrill vorheizen. Die Fische mit Olivenöl einstreichen und mit Salz und Pfeffer einreiben.

2 Den Pancetta in Streifen schneiden und jede Sardine mit einem Streifen Speck umwickeln. Sardinen in eine ofenfeste Form oder auf ein Backblech legen und etwa 4 Minuten von jeder Seite grillen.

3 Anschließend die Sardinen mit Petersilie bestreuen und mit Zitronenspalten servieren. Dazu frisches Brot reichen.

Info: Sardinen haben – anders als viele andere Fische – keine Fangsaison. Sie sind das ganze Jahr über in guter Qualität erhältlich.

Pollo in padella
mit Provolone

Für 4 Portionen

1 küchenfertiges Huhn
5 El Olivenöl
1 Zwiebel
150 ml Weißwein
1 getrocknete rote
Chilischote
300 g Tomaten
je 1 El gehackte Petersilie,
gehacktes Liebstöckel und
gehacktes Basilikum
50 g Provolone

Zubereitungszeit: ca. 30 Minuten
(plus Zeit zum Braten, Kochen und
Schmoren)
Pro Portion ca. 853 kcal/3507 kJ
43 g E, 57 g F, 12 g KH

1 Das Huhn waschen, trocken tupfen und in 8 Stücke zerteilen. Das Olivenöl erhitzen und die Hühnerteile darin anbraten.

2 Die Zwiebel schälen, in Ringe schneiden und mitschmoren. Weißwein angießen und die Chilischote dazubröseln. So lange köcheln, bis die Flüssigkeit verkocht ist.

3 Die Tomaten an den Stielansätzen kreuzweise einritzen, in kochendem Wasser kurz blanchieren, kalt abschrecken und häuten. In Achtel schneiden und mit den Kräutern zum Huhn geben. 1 Stunde abgedeckt schmoren.

4 Den Provolone in Würfel schneiden, nach 40 Minuten zum Huhn geben und unterrühren. Abschmecken und servieren.

Hühnchen alla toscana
mit Cannellinibohnen

Für 4 Portionen

1 Hühnchen (ca. 1,2 kg)

Salz

Pfeffer

1 Zwiebel

2 rote Paprikaschoten

1 Knoblauchzehe

15 ml Olivenöl

300 ml passierte Tomaten

150 ml trockener Weißwein

1 Oreganozweig

400 g Cannellinibohnen aus der Dose

3 El geriebenes Weißbrot

Zubereitungszeit: ca. 20 Minuten (plus Zeit Schmoren und Grillen)
Pro Portion ca. 685 kcal/2877 kJ
69 g E, 34 g F, 20 g KH

1 Das Hühnchen in 8 Teile schneiden, salzen und pfeffern. Die Zwiebel schälen und in Scheiben schneiden, die Paprikaschoten entkernen und in Ringe schneiden, die Knoblauchzehe schälen und hacken.

2 Das Öl in einem Bräter erhitzen und die Hähnchenteile darin von allen Seiten anbraten. Herausnehmen und warm stellen.

3 Die Zwiebelscheiben, Paprikastreifen und den Knoblauch im Bratfett andünsten. Hühnchenteile wieder zugeben, Tomaten, Wein und Oregano hinzufügen. Aufkochen, bei geringer Temperatur abgedeckt etwa 35 Minuten schmoren. Nach 30 Minuten die abgetropften Bohnen einrühren und erhitzen. Das geriebene Brot über das Gericht streuen und unter dem heißen Grill goldbraun grillen.

Mediterranes Hühnchen
mit Pancetta

Für 6 Portionen

je 2 rote und gelbe
Paprikaschoten
4 Schalotten
3 Hähnchenkeulen
3 Hähnchenbrüste mit Haut
Salz
Pfeffer
8 El Olivenöl
4 geschälte Knoblauchzehen
300 ml trockener Weißwein
10–15 Lorbeerblätter
125 g Kapernäpfel
(ersatzweise Kapern)
1 Bund glatte Petersilie

Zubereitungszeit: ca. 30 Minuten
(plus Garzeit)
Pro Portion: ca. 753 kcal/3163 kJ
35 g E, 57 g F, 15 g KH

1 Die Paprikaschoten waschen, putzen, zunächst vierteln und dann die Viertel quer halbieren. Schalotten schälen und ebenfalls vierteln. Hähnchenkeulen waschen, trocken tupfen und jeweils am Gelenk in 2 Stücke schneiden. Fleisch salzen und pfeffern.

2 Den Backofen auf 200 °C vorheizen. In einem großen Bräter Öl erhitzen und das Fleisch bei starker Hitze rundherum goldbraun braten. Paprika und Knoblauch dazugeben, kurz mitbraten, salzen, gut pfeffern und mit Weißwein ablöschen. Lorbeerblätter dazugeben und den Bräter auf der 2. Schiene von unten ca. 35 Minuten garen.

3 Die Kapernäpfel abtropfen lassen und längs halbieren. Petersilie waschen, trocken schütteln und Blättchen grob hacken. Beides kurz vor Ende der Garzeit unter das Hähnchen mischen und servieren. Dazu passt Baguette.

Involtini

mit Hähnchenleber

Für 4 Portionen

8 kleine Kalbsschnitzel

Salz

Pfeffer

50 g luftgetrockneter
Schinken

100 g gehackte Hähnchen-
leber

je 1 El gehackter Petersilie
und Thymian

1 Knoblauchzehe

3 El geriebener Parmesan

3 El Mehl

5 El Butter

200 ml trockener Weißwein

Zubereitungszeit: ca. 20 Minuten
(plus Zeit zum Braten und
Schmoren)
Pro Portion ca. 353 kcal/1482 kJ
38 g E, 16 g F, 6 g KH

1 Die Kalbsschnitzel waschen, trocken tupfen, flach klopfen, salzen und pfeffern. Den Schinken fein würfeln und mit der Hähnchenleber und den Kräutern mischen. Die Knoblauchzehe schälen und hacken und mit dem geriebenen Parmesan unter die Fleischmischung rühren.

2 Die Schnitzel mit der Masse bestreichen, zusammenrollen und feststecken. Die Röllchen in Mehl wenden. Überschüssiges Mehl abklopfen.

3 Die Butter erhitzen und die Involtini von allen Seiten etwa 3 Minuten braten. Den Weißwein angießen und 20 Minuten schmoren. Mit Salz und Pfeffer nochmals abschmecken.

Rinderbraten
in Barolo

Für 4 Portionen

1 kg Rinderbraten

2 Knoblauchzehen

50 g Bauchspeck

2 Möhren

1 Stange Staudensellerie

10 Wacholderbeeren

1 Tl Pfefferkörner

2 Lorbeerblätter

1 Zimtstange

2 Nelken

1 Prise Zucker

je 1 Rosmarin- und
Thymianzweig

750 ml Barolo

3 El Marsala

Salz

Pfeffer

2 El Mehl

4 El Olivenöl

3 El Butterschmalz

2 El Cognac

2 Petersilienzweige

Zubereitungszeit: ca. 30 Minuten
(plus Zeit zum Marinieren, Braten
und Schmoren)
Pro Portion ca. 1032 kcal/4334 kJ
57 g E, 62 g F, 21 g KH

1 Den Rinderbraten mehrmals einschneiden. Knoblauchzehen schälen und halbieren, Bauchspeck in Streifen schneiden und den Braten mit beidem spicken. In eine Schüssel legen.

2 Die Möhren waschen, schälen und in Stücke teilen. Den Staudensellerie waschen, putzen und in Scheiben schneiden. Beides zum Fleisch geben. Die Wacholderbeeren andrücken und mit den Gewürzen, dem Zucker und den Kräutern in die Schüssel geben. Barolo und Marsala angießen und den Braten 12 Stunden im Kühlschrank marinieren.

3 Das Fleisch trocken tupfen, salzen und pfeffern. Die Marinade durch ein Sieb gießen, die Flüssigkeit auffangen, Gemüse und Kräuter gut abtropfen lassen. Das Fleisch mit Mehl bestäuben.

4 Olivenöl und Butterschmalz erhitzen und das Fleisch darin anbraten. Gemüse und Kräuterzweige zugeben und ebenfalls anbraten. Mit Cognac ablöschen. Marinade und Petersilienzweige zugeben. Abgedeckt etwa 2 Stunden 30 Minuten schmoren.

5 Braten und Kräuterzweige aus dem Topf nehmen, Gemüse in der Sauce pürieren. Mit Salz und Pfeffer abschmecken. Braten in Scheiben mit Polenta und Sauce servieren.

Schmortopf
Mont Ventoux

Für 6 Portionen

150 g geräucherter, durchwachsener Speck

1 große Zwiebel

5 Knoblauchzehen

2 Rosmarinzweige

10 frische Thymianzweige

je eine Handvoll grüne und schwarze Oliven

1 Tasse getrocknete Pflaumen

je 400 g mageres Rind- und Lammfleisch

6 El Öl

1 Tasse ungeschwefelte Korinthen

1/2 l Rotwein (Côtes du Ventoux oder Côtes du Rhône)

1 El grüner Pfeffer

Salz

250 ml Sahne

10 cl Cognac

Zubereitungszeit: ca. 35 Minuten (plus Garzeit)
Pro Portion: ca. 598 kcal/2512 kJ
25 g E, 49 g F, 13 g KH

1 Den Backofen auf 200 °C (Umluft 180 °C) vorheizen. Den Speck in Würfel schneiden. Zwiebel und Knoblauch schälen und ebenfalls in feine Würfel schneiden. Rosmarin und Thymian waschen und trocken schütteln. Oliven entsteinen. Getrocknete Pflaumen entkernen und ebenfalls in kleine Stücke schneiden.

2 Das Fleisch waschen, trocken tupfen, parieren, würfeln und in heißem Öl portionsweise anbraten, bis es von allen Seiten gebräunt ist. Unter ständigem Rühren den gewürfelten Speck und die gewürfelte Zwiebel hinzugeben und anbraten, bis sie glasig sind.

3 Oliven, Knoblauch, Thymian, Rosmarin, Pflaumen und Korinthen zum Fleisch geben und alles mit Rotwein ablöschen. Den Deckel aufsetzen und alles für 40 Minuten in den vorgeheizten Backofen schieben. Anschließend mit grünem Pfeffer und Salz würzen, die Sahne und den Cognac dazugeben, gut durchrühren und weitere 20–25 Minuten im Ofen ziehen lassen. Dazu passen Endiviensalat und Baguette oder Safranreis.

Lammragout
alla romana

Für 6 Portionen

je 400 g Lammbrust und Lammschulter

3 El Butterschmalz

2 Zwiebeln

3 Knoblauchzehen

2 Zweige Rosmarin

2 El Weißweinessig

125 ml trockener Weißwein

3 Lorbeerblätter

Salz

Pfeffer

Lammfond nach Belieben

Zubereitungszeit: ca. 30 Minuten (plus Zeit zum Braten und Schmoren)
Pro Portion ca. 373 kcal/1566 kJ
58 g E, 11 g F, 4 g KH

1 Das Fleisch waschen, trocken tupfen, parieren und in Würfel schneiden. Butterschmalz in einer Pfanne erhitzen und das Fleisch darin kräftig anbraten. Herausnehmen und beiseitestellen.

2 Zwiebeln und Knoblauchzehen schälen und hacken. Den Rosmarin waschen, trocken tupfen und die Nadeln abzupfen.

3 Zwiebeln und Knoblauch im verbliebenen Bratfett glasig dünsten. Fleisch zugeben, Weißweinessig, Weißwein, Rosmarin sowie Lorbeerblätter hinzufügen und mit Salz und Pfeffer würzen. Abgedeckt etwa 1 Stunde schmoren. Nach Belieben etwas Lammfond angießen. Mit Weißbrot servieren.

Süßes & Desserts

Frischkäsepudding
mit Feigen

Für 4 Portionen

100 g frische Feigen
3 Blatt weiße Gelatine
6 El Milch
200 g Frischkäse
70 g Zucker
3 El Orangensaft
1 El Zitronensaft
3 El Honig
Schokostäbchen
Minzeblättchen

Zubereitungszeit: ca. 20 Minuten
(plus Einweich- und Kühlzeit)
Pro Portion ca. 343 kcal/1374 kJ
7 g E, 20 g F, 34 g KH

1 Die Feigen waschen, trocken reiben und in sehr kleine Würfel schneiden. Gelatine 5 Minuten in kaltem Wasser einweichen. Dann ausdrücken und in der erwärmten Milch unter Rühren auflösen.

2 Den Frischkäse mit dem Zucker und dem Orangensaft in die Gelatinemilch rühren. Den Zitronensaft zufügen und die Creme glatt rühren. Zuletzt die gewürfelten Feigen unterheben.

3 Die Masse in ausgespülte Förmchen füllen und für etwa 2 Stunden zum Festwerden kühl stellen.

4 Pudding auf Teller stürzen, mit dem Honig beträufeln und mit Minzeblättchen garnieren. Schokostäbchen als Spieße hineinstecken.

Zitronencreme
mit Fruchtspießen

Für 4 Portionen

1 Ei

40 g Speisestärke

500 ml Milch

80 g Zucker

1 Prise Salz

abgeriebene Schale und Saft
von 1 unbehandelten Zitrone

5 Kiwis

250 g Honigmelone

Löffelbiskuits

Zubereitungszeit: ca. 30 Minuten
(plus Koch- und Kühlzeit)
Pro Portion ca. 302 kcal/1268 kJ
8 g E, 7 g F, 50 g KH

1 Das Ei trennen. Das Eigelb mit der Speisestärke und etwas Milch glatt rühren. Restliche Milch mit 60 g Zucker, Salz und etwas Zitronenschale aufkochen. Angerührte Speisestärke zufügen und unter Rühren aufkochen.

2 Eiweiß steif schlagen und unter die heiße Creme heben, erneut aufkochen, dann den Zitronensaft unterrühren. Die Creme in kalt ausgespülte Förmchen geben und im Kühlschrank in etwa 3 Stunden fest werden lassen.

3 4 Kiwis schälen und pürieren. Restlichen Zucker einrühren. Creme auf Teller stürzen und mit Kiwisauce umgeben. Letzte Kiwi schälen und in Scheiben schneiden. Melone schälen und in Würfel schneiden. Mit halbierten Kiwischeiben auf Spieße und in die Zitronencreme stecken. Dazu Löffelbiskuits servieren.

Bayerische Creme
mit echter Vanille

Für 4 Portionen

5 Blatt weiße Gelatine
1 Vanilleschote
300 ml Milch
3 Eigelb
100 g Zucker
300 ml Sahne

Zubereitungszeit: ca. 25 Minuten
(plus Kühlzeiten)
Pro Portion: ca. 400 kcal/1680 kJ
8 g E, 27 g F, 31 g KH

1 Gelatine nach Packungsanweisung in kaltem Wasser einweichen. Vanilleschote längs einschneiden, das Mark herauskratzen und in die Milch geben. Zusammen mit der Schote aufkochen, Milch vom Herd nehmen und die Schote entfernen.

2 Eigelb und Zucker über einem heißen Wasserbad mit dem Schneebesen cremig schlagen. Nach und nach die heiße Vanillemilch unter die Eiercreme rühren. Gelatine ausdrücken und in der heißen Creme unter Rühren auflösen.

3 Creme ca. 30 Minuten kalt stellen, bis sie gerade zu gelieren beginnt. (Probe: Mit dem Messer kurz durch die Creme fahren. Hinterlässt es eine Spur, ist der Zeitpunkt richtig.) Sahne steif schlagen und mit dem Kochlöffel unter die Creme heben.

4 Creme in kalt ausgespülte Förmchen füllen und bis zum Erstarren mindestens 4 Stunden, am besten über Nacht, in den Kühlschrank stellen. Dazu passt Aprikosenpüree.

Papayacreme
mit Cassis

Für 4 Portionen

2 Papayas

8 große Kugeln Vanilleeis

8 El Cassislikör oder nicht-
alkoholischen Cassissirup

Zitronenmelisse zum
Dekorieren

Zubereitungszeit: ca. 10 Minuten
(plus Kühlzeit)
Pro Portion: ca. 164 kcal/689 kJ
2 g E, 1 g F, 31 g KH

1 Die Papaya waschen, schälen, Kerne entfernen
und das Fruchtfleisch in grobe Stücke schneiden.
Fruchtfleisch in einen Gefrierbeutel geben und
20 Minuten lang ins Eisfach legen.

2 Anschließend Fruchtfleisch in den Mixer geben
und mit dem Eis ca. 1 Minute lang mixen. In vier
breite Gläser oder offene Schalen füllen. Likör oder
Sirup kreisförmig darübergießen, mit der Zitronenmelisse dekorieren und sofort servieren.

Tipp: Kaufen Sie ausschließlich Papayas die entwe-
der reif sind oder wenigstens gelbe Streifen oder
Flecken aufweisen. Vollständig grüne Exemplare rei-
fen nicht nach. Reife Papaya erkennen Sie zum einen
an der Farbe (gelblich) und beim Drucktest. Je reifer,
desto weicher das Fruchtfleisch.

Karamellisierte Feigen
mit Vanilleeis

Für 6 Portionen

12–18 frische Feigen

1/2 Vanilleschote

5 El Zucker

5 El Butter

Saft von 3 Orangen

100 g Honig

6 Mandelplätzchen

6 Kugeln Vanilleeis

Puderzucker zum Bestreuen

Fett für die Form

Zubereitungszeit: ca. 15 Minuten
(plus Backzeit)
Pro Portion: ca. 326 kcal/1369 kJ
3 g E, 5 g F, 65 g KH

1 Backofen auf 180 °C (Umluft 160 °C) vorheizen. Feigen waschen, trocken tupfen, am Stielende kreuzweise einschneiden. Vanilleschote der Länge nach aufschneiden und das Mark herauskratzen, mit dem Zucker mischen.

2 Butter in einer Pfanne erhitzen. Feigen darin rundherum anbraten, Vanillezucker darüberstreuen und leicht karamellisieren lassen.

3 Feigen in eine kleine, gebutterte Auflaufform setzen. Verbliebenes Karamell in der Pfanne mit dem Orangensaft ablöschen, Honig unterrühren, kurz erhitzen. Feigen mit der Sauce übergießen und im Ofen etwa 10 Minuten backen.

4 Jeweils 2–3 Feigen auf einem Teller mit Puderzucker bestäubt anrichten. Mandelgebäck und jeweils 1 Kugel Eis dazu reichen.

Sektmousse
mit Granatapfelkernen

Für 4 Portionen

6 Blatt weiße Gelatine

4 frische Eier

75 g Zucker

200 ml Sekt

1 El Zitronensaft

150 ml Sahne

1 Granatapfel

Zubereitungszeit: ca. 35 Minuten
(plus Kühlzeit)

Pro Portion: ca. 360 kcal/1512 kJ

11 g E, 19 g F, 24 g KH

1 Die Gelatine nach Packungsanweisung in kaltem Wasser einweichen. Eier trennen. Eiweiß kalt stellen. Eigelb und Zucker mit dem Handrührer 8–10 Minuten cremig schlagen. Dann Sekt (bis auf 3 El) und Zitronensaft nach und nach einrühren.

2 Gelatine ausdrücken und in einem kleinen Topf mit dem restlichen Sekt bei sehr schwacher Hitze unter Rühren auflösen. Topf sofort vom Herd nehmen. Erst 2–3 El Sektcreme in die Gelatine rühren. Dann die Gelatinemischung unter die übrige Sektcreme rühren. Ca. 30 Minuten kalt stellen, bis die Creme zu gelieren beginnt.

3 Eiweiß und Sahne getrennt steif schlagen. Zuerst die Sahne und dann den Eischnee unter die gelierende Creme heben. Alles zugedeckt mindestens 2 Stunden kalt stellen.

4 Den Granatapfel halbieren. Mit einem Löffel auf die Schale klopfen, sodass sich die Kerne lösen und herausfallen. Die Creme löffelweise abstechen und in Dessertschälchen anrichten. Vor dem Servieren mit den Granatapfelkernen bestreuen.

Nougatparfait
mit Mandelblättchen

Für 6 Portionen

100 g Mandelblättchen

4 Eier

3 El Zucker

3 El Honig

100 g Nussnougat
(schnittfest)

250 ml Sahne

6 essbare, kandierte Orchideenblüten zum Dekorieren
(aus dem Asia-Laden)

Zubereitungszeit: ca. 30 Minuten
(plus Gefrierzeit)

Pro Portion: ca. 440 kcal/1848 kJ

11 g E, 31 g F, 26 g KH

1 Mandeln in einer Pfanne ohne Fett rösten, herausnehmen. Eier trennen. Eigelb, Zucker und Honig im heißen Wasserbad 5–6 Minuten cremig schlagen. Nougat würfeln und in einem zweiten heißen Wasserbad schmelzen. Flüssigen, lauwarmen Nougat unter die Eiermasse rühren. Alles etwas abkühlen lassen.

2 Eine Kastenform (ca. 1 l Inhalt) mit Folie auslegen. Eiweiß und Sahne getrennt steif schlagen. Erst die Mandeln, bis auf 1 El, unter die Eiermasse rühren, dann die Sahne und zuletzt den Eischnee unterheben. Parfaitmasse in die Form füllen, abdecken und mindestens 6 Stunden, am besten über Nacht, ins Gefrierfach stellen.

3 Parfait aus der Form stürzen und in Scheiben schneiden oder mit einem Eisportionierer Kugeln abstechen. Mit den restlichen Mandelblättchen bestreuen und mit jeweils 1 kandierten Orchideenblüte servieren.